rowohlt
BERLIN

Tahar Ben Jelloun

Papa, woher kommt der Hass?

Gespräch mit meiner Tochter

Mit Illustrationen von Charley Case
und einem Vorwort von Heiner Geißler

Aus dem Französischen von
Christiane Kayser

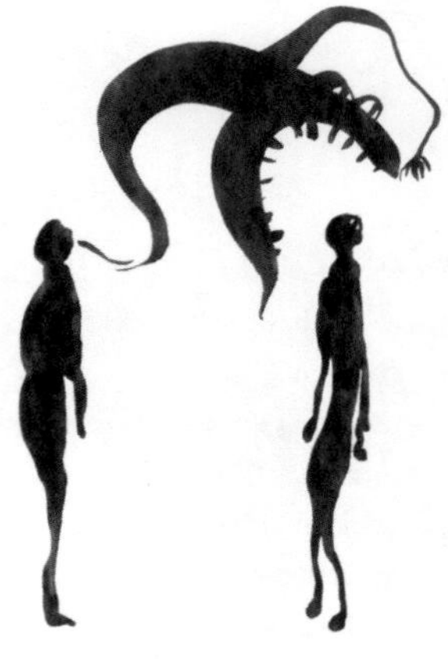

Rowohlt · Berlin

1. Auflage September 2005

Lektorat Julia Kühn
Umschlaggestaltung any.way, Walter Hellmann
Umschlagillustration Charley Case
Autorenfoto Seite 123 © Ekko von Schwichow
Layout Edith Lackmann, Hamburg
Lithographie Digital + Grafik Werkstatt
Susanne Kreher GmbH, Hamburg
Satz aus der Trinité von KCS GmbH, Buchholz i. d. Nordheide
Druck und Bindung Clausen & Bosse, Leck
Printed in Germany
ISBN 3 87134 535 0

Vorwort von Heiner Geißler

In jeder Minute unseres Lebens, auch in der, in der wir diese Zeilen lesen, befinden sich unzählige Menschen im tiefsten Unglück, werden gequält, gefoltert, brutal geschlagen und getötet. Wenn wir sie gleichzeitig und an einem Ort hören könnten, würden ihre Schreie alles Leben auslöschen. Aber nicht Gott hat Millionen Juden vergast oder zehntausend Muslime in Srebrenica ermordet, sondern es waren und sind Menschen, die in ihrem Hass gegen «Andersartige» solche Verbrechen begingen und begehen. Können wir nicht aus der Geschichte lernen?

Nehmen wir als Beispiel den nationalen Hass, der in der ersten Hälfte des letzten Jahrhunderts die Ursache war für die schlimmsten Katastrophen und dessen Wurzeln weit zurückreichen in die Zeit, in der Napoleon Europa erobert hatte. Ernst Moritz Arndt, ein deutscher Dichter, schrieb 1813, nachdem Napoleon Deutschland besetzt hatte: «Ich will den Haß, festen und bleibenden Haß, der Teutschen gegen die Welschen, ... brennenden und blutigen Haß, ich will ihn für lange Zeit, ich will ihn für immer. Dieser Haß glühe als Religion des teutschen Volkes.»

Was für ein Wahnsinn, so würden wir heute sagen. Aber knapp sechzig Jahre später, 1871, hatte dieser Hass dazu geführt, dass die Deutschen über die Franzosen herfielen und das kleindeutsche Kaiserreich im

Herzen des besiegten Feindes im Spiegelsaal des Versailler Schlosses ausgerufen wurde. Daraufhin schrieb der französische Dichter Paul de Saint-Victor über den heiligen Hass der Franzosen auf die Deutschen: «Wenn wir wollen, dass Frankreich von Neuem zu seiner ganzen Größe gelangt, dann müssen wir schnell diesen unmittelbaren, lebendigen wirklichen Hass in unsere Seelen zurückkehren lassen. Nähren wir ihn dort wie ein heiliges Feuer.»

Aus diesen Hassorgien zweier Völker, zumindest ihrer Eliten, entstand der Erste Weltkrieg und als Folge davon die schlimmste Katastrophe, die die Weltgeschichte bis dahin erlebt hatte: der Zweite Weltkrieg und der millionenfache Massenmord durch die Nationalsozialisten. Aber – so unwahrscheinlich es für die damaligen Zeitgenossen erschienen war – dieser nationale Hass wurde in der zweiten Hälfte des letzten Jahrhunderts durch die europäische Einigung und die deutsch-französische Freundschaft überwunden.

Doch der Hass von Menschen gegen Menschen scheint wie eine Epidemie zu sein, eine Art Geisteskrankheit, die immer wieder ausbricht. Sie ist keineswegs beschränkt auf den modernen Konflikt zwischen westlicher Welt und der Welt des Islam.

Fundamentalisten der amerikanischen Rechten sprengen in Oklahoma schon mal 260 Leute in die Luft und ihre christlich-fundamentalistischen Landsleute erschießen Ärzte, die Schwangerschaftsabbrüche vornehmen, und verfolgen Homosexuelle. Christen schlagen Kinder, die einer anderen Konfession angehören, halb tot, wenn diese durch ihr Stadtviertel zur Schule gehen, wie in Nordirland. Hindufundamentalisten legen Moscheen in Schutt und Asche, und jüdische und arabische Extremisten verhindern seit vielen Jahren jede gerechte und friedliche Lösung in Palästina.

Intoleranz, gepaart mit Hass, nennt sich dieser Geisteszustand. Sie ist das Schwert des religiösen, rassischen, kulturellen und völkischen Fundamentalismus, eine Waffe, die sich je nach Bedarf in Folterkellern oder Gaskammern austobt, sich aber auch in eine fliegende Kerosinbombe oder in von Handys gezündete Handgranaten in den Vorortzügen europäischer Hauptstädte verwandeln kann. Der heutige Fundamentalist glaubt – wie die mittelalterliche Inquisition –, den Menschen, wenn er dem Irrtum oder dem Teufel verfällt, befreien zu können, indem er ihn verbrennt – auf dem Scheiterhaufen oder im Inferno terroristischer Bomben. Fundamentalisten meinen, etwas Gutes zu tun, indem sie das Böse, wie sie es sehen, vernichten. Das Böse der Fundamentalisten ist aber in den Augen anderer Menschen oft etwas Gutes, so die Religionsfreiheit, die in den Verfassungen der westlichen Demokratien verankert ist. Diese ist jedoch zum Beispiel für die iranischen Ajatollahs derart satanisch, dass sie Salman Rushdie zum Tode verurteilten – so wie vor sechshundert Jahren Giordano Bruno, Jan Hus und Jeanne d'Arc wegen Ketzerei und Zauberei auf dem Scheiterhaufen landeten. Die Zumutung, die eine andere Meinung, eine andere Weltanschauung, eine andere Hautfarbe für bestimmte Menschen bedeutet, schlägt um in Hass und den Willen, den anderen zu diskriminieren, zu schikanieren, ja sogar zu vernichten. Wenn jemand behauptet, die absolute Wahrheit zu besitzen, macht er sich lächerlich. Hat er jedoch die Macht, die Menschen, die seiner Macht unterworfen sind, zu zwingen, ihn oder seine Lehre anzubeten, entsteht der Ajatollah oder der von Terrorismusangst gejagte US-Verteidigungsminister, der im Gefangenenlager Guantanamo das praktiziert, was er bekämpfen will. Der Fundamentalist diskutiert nicht, er schaltet diejenigen aus, die eine andere Meinung haben.

Welche Gründe können Menschen finden, so fragt die Tochter von Tahar Ben Jelloun, um andere zu hassen, sie zu schikanieren, sie zu mobben, sie nicht zu ertragen? Diese Fragen erregen uns alle – jeden Tag. Sind es biologische Gründe, genetische Programmierungen, wie die Verhaltensforscher es vermuten, ist es das angeborene Recht des Stärkeren oder der territoriale Imperativ, der beim Menschen an die Stelle des kategorischen treten müsse? Sind wir bereit, die unterschiedliche sexuelle Veranlagung der Menschen, also auch der Homosexuellen, anzuerkennen? Neben der Rassen- und Religionsapartheid ist die Geschlechtsapartheid zur schlimmsten Form der Intoleranz geworden. Zwangsprostitution, Schuldknechtschaft und Beschneidung

prägen die Lebensschicksale von vielen hundert Millionen Frauen. Sexismus ist eine spezielle Form der Intoleranz, die sich vor allem gegen Frauen richtet. Die Intoleranz beansprucht das Recht, Gewalt anzuwenden, sollte eine Frau es wagen, in der Öffentlichkeit ihr unverschleiertes Gesicht zu zeigen. Hass schlägt ihr entgegen, und sie wird schwer bestraft. Apostaten und Konvertiten droht der Tod.

Die Kategorisierung der Menschen führt zu den schlimmsten Verbrechen und größten politischen Fehlentscheidungen der Menschheitsgeschichte. Wenn die Leute das Pech hatten, zur falschen Klasse, Rasse, Nation, Religion oder zum falschen Geschlecht zu gehören, wurden sie liquidiert, vergast und zu Tode gefoltert, gesteinigt, in die Luft gesprengt oder sonst wie ums Leben gebracht. Die Antwort auf Hass und Intoleranz ist also die Anerkennung der unantastbaren Würde jedes Menschen, und zwar unabhängig davon, ob er Mann oder Frau ist, jung oder alt, krank oder gesund, voll leistungsfähig oder behindert, ob Deutscher oder Ausländer, Weißer oder Schwarzer, Christ, Muslim oder Jude.

Tiefe Ängste schlummern in den Menschen, erklärt Tahar Ben Jelloun seiner Tochter. Sie können jederzeit zum Ausbruch kommen; ich nenne ein aktuelles Beispiel: wenn die Menschen in ihrer Not und Hoffnungslosigkeit gegenüber einem kapitalistischen Wirtschaftssystem, das über Leichen geht, sich gegen Fremde wenden, die ihnen mit «marktgerechten» Hungerlöhnen die Arbeitsplätze wegnehmen. Eine Politik, die sich als unfähig erweist, den Prozess der Globalisierung human zu gestalten, ist mitverantwortlich für Hass und Terrorismus.

Nach dem Machtantritt der Nazis 1933 ist im literarischen Untergrund Max von Schenkendorfs Vers von 1813 «Freiheit, die ich meine» weitergedichtet worden: «Welche meinst Du, sprich: Deine oder meine, darum dreht es sich.» Es gibt keine Freiheit für die Zerstörer der Freiheit und für die fundamentalistischen und nationalistischen Gruppen, die Menschenrechte, etwa die Religions- und Gewissensfreiheit oder die Gleichberechtigung der Frau, ganz oder teilweise beseitigen und gottesstaatliche und rechtsradikale Strukturen und Parallelgesellschaften entwickeln wollen.

Aber sagen nicht die Verhaltensforscher, dass die Fremdenangst und die Abgrenzung gegenüber artfremdem Leben den Menschen angeboren und genetisch vorprogrammiert seien?

Ich bin als Fünf- bis Siebenjähriger in Ravensburg mit einem Zigeuner, wie man damals sagte, groß geworden, dessen Zuhause ein schöner, bunt bemalter Zigeunerkarren war. Der Junge hieß Kajetan. Wir waren fast unzertrennlich beim täglichen Spiel im Binsendickicht und den Sandlöchern des Schussentals. Der Zigeunerjunge wurde mit mir eingeschult, und ich randalierte so lange, bis ich mit ihm zusammen in einer Schulbank sitzen durfte. 1938 waren er und seine Familie plötzlich verschwunden. Die Nazis hatten sie deportiert. Ich habe 1985, als ich Bundesminister und auch zuständig für die Sinti und Roma war, nach ihm suchen lassen und ihn wieder gefunden. Seine Schwestern und seine Eltern waren in Auschwitz-Birkenau umgebracht worden. War ich nun damals normal oder möglicherweise falsch programmiert? Ist bei mir und dem Zigeuner oder bei meinen Eltern, die die Freundschaft erlaubt hatten, irgendetwas schief gelaufen – ein lockeres Gen, die falsche Erziehung, wie manche glauben? Was im Genom verankert ist, gilt als angeboren. Aber soll das heißen, dass es nicht durch Lernprozesse veränderbar wäre? Was ist denn mit der freien Assoziation von Informationen, ein Grundvorgang jeder Intelligenzleistung und der Fähigkeit, Gedächtnisinhalte kombinieren und spontan verwirklichen zu können? Der Mensch verfügt über Phantasie und Kreativität. Er ist nicht total genetisch vorprogrammiert, und er kann lernen, Informationen aufnehmen und verarbeiten. Er kann intelligenter werden als seine Vorfahren. Er kann dichten, musizieren, komponieren, Bücher schreiben, moralisch handeln, und Deutsche und Franzosen, Muslime, Juden und Sinti können Freunde sein.

Aufklärung, Information und Bildung sind die schärfsten Waffen gegen Hass und Fundamentalismus. Bücher können die Welt verändern. Dieses Buch könnte dazugehören.

Der 11. September 2001 war ein einschneidendes Datum. Seither haben sich Gewalt und Intoleranz verstärkt, die Brücken zwischen den Kulturen scheinen morscher, die Gesprächsbereitschaft geringer. Sechs Jahre nach dem Dialog mit meiner Tochter Mérième («Papa, was ist ein Fremder?») mussten wir beide feststellen: Fremdenhass und Rassismus haben nicht abgenommen, sondern sind heute leider alltäglich, in manchen Fällen haben sie sich verschärft. Wir beide wollten diese neuen Entwicklungen besser verstehen und zu erklären versuchen: In Europa und der Welt durchdringen Angst und Hass den Alltag der Menschen; an unseren Schulen nimmt der Antisemitismus parallel zum Misstrauen gegenüber Muslimen und der Ablehnung des Islam zu, was zu erregten Kopftuchdebatten und in der Folge zu neuen Gesetzesregelungen geführt hat. Politische und rassistische Hasstaten bis hin zu Mord rütteln Europa auf. Die Spirale der Gewalt und die Bemühungen, sie einzudämmen, aber auch der Wille, aus der Rolle der hilflosen Opfer oder der erstarrten Zuschauer auszubrechen, haben uns beide dazu bewegt, unser Gespräch fortzusetzen.

– Papa, hat der Anschlag auf das World Trade Center in New York Hass auf die Muslime ausgelöst?

– Fremdenhass, die Ablehnung und Verachtung von Menschen, die anders sind, einen anderen Glauben haben, eine andere Hautfarbe, eine andere Herkunft, ist an sich nichts Neues. Er gehört zu den Menschen, oder sagen wir besser, er ist ein Gewand, das sie sich leicht überstreifen, wenn sie Gefahr wittern, wenn sie sich zu Recht oder Unrecht bedroht fühlen, wenn sie nicht verstehen oder nicht verstehen wollen, was um sie herum vorgeht. Wie schon der Philosoph Thomas Hobbes sagte: «Homo homini lupus.» – «Der Mensch ist des Menschen Wolf.»

– Aber seit dem 11. September hat der Hass in der Welt doch spürbar zugenommen!

– Ja, zweifellos. Der Terrorismus einer Bewegung wie Al Qaida ist geprägt von Hass auf den Westen, auf seine Kulturen, seine Gepflogenheiten und seine politischen Prioritäten. Er trifft die westlichen Gesellschaften mitten ins Herz. Mit den Anschlägen von New York (11. September 2001), Madrid (11. März 2004) und London (8. Juli 2005) ist den USA und Europa bewusst geworden, wie sehr verwundbar sie sind. Und mit diesem Wissen kam die Angst. Angst vor einem mörderischen Islam, Angst vor weiteren Anschlägen, Angst davor, selbst Opfer zu werden, Angst vor so genannten Schläfern, also Muslimen, die ein ganz normales, unauffälliges, angepasstes Leben führen und sich plötzlich als Terroristen und Selbstmordattentäter entpuppen. Aufgrund der Anschläge und der Tatsache, dass sie von europäischem und amerikanischem Boden aus vorbereitet worden waren, wurde vielen die Präsenz von Muslimen im eigenen Land unheimlich.

Terrorismus erzeugt Angst, und wie du weißt, ist Angst die Quelle des Rassismus. So gut wie überall auf der Welt sind Araber nunmehr verdächtige Gestalten. Es wird übertrieben und hirnlos verallgemeinert. Wie ein marokkanisches Sprichwort sagt: «Ein einziger fauler Fisch verdirbt den ganzen Fang.» In Europa haben die Anschläge zu erneuten Diskussionen geführt, ob der Multikulturalismus beziehungsweise die Integration der Fremden in unseren Gesellschaften gescheitert ist und wie das Zusammenleben unterschiedlicher Kulturen, Gruppen und Religionen gelingen kann. Die Stimmung ist umgeschwenkt: Statt als kulturelle Bereicherung werden Araber und Muslime nun vor allem als Bedrohung der westlichen Demokratien und Werte, wenn nicht sogar als Sicherheitsrisiko wahrgenommen.

– Willst du damit sagen, dass der Terrorismus die Wahrnehmung verändert hat? Dass viele Europäer vorher das Zusammenleben der Kulturen und Religionen eher harmonisch sehen wollten und nun ihre Aufmerksamkeit auf die schon immer vorhandenen Konflikte richten?

– Ich glaube schon, dass viele das Zusammenleben der Kulturen heute als konfliktreicher empfinden, weil bereits länger vorhandene Probleme nun verstärkt thematisiert werden. Wir werden noch darauf zu sprechen kommen. Zweifellos hat der Terrorismus den westlichen Rassisten aber auch Auftrieb verschafft, in Frankreich sind sie laut und arrogant geworden und verbergen ihren Hass nicht mehr, sondern tragen ihn offen zur Schau. Daher haben wir den Eindruck, der Rassismus, die Ablehnung des und der Hass auf den anderen nehme zu, auch auf westlicher Seite. Dabei ist es eher so, dass diese immer schon vorhandenen Gefühle nun offener, ungehemmter gezeigt werden.

– Wie der französische Schriftsteller Michel Houellebecq, der behauptet: «Der Islam ist die dümmste Religion!» Das war nach der Veröffentlichung seines Romans *Plattform*, in dem die Hauptfigur rassistische Sprüche über die Araber und den Islam von sich gibt.

– Du siehst, statt sich ernsthaft mit dem Islam auseinander zu setzen, der eine große Tradition der Toleranz und des Wissens hat und viele unterschiedliche Ausprägungen und dem Millionen von Gläubigen auf der ganzen Welt angehören, von denen die meisten nur friedlich leben wollen, lassen seit dem 11. September viele Leute ihren Vorurteilen freien Lauf und fühlen sich gar nicht mehr genötigt, diese an der Realität zu überprüfen.

– Liegt es an solchen Leuten, dass die Islamisten und Terroristen immer mehr Zulauf bekommen?

– Das liegt in erster Linie an den entwürdigenden Lebensumständen vieler Muslime in den arabischen Staaten, aber auch in Europa, die sie anfällig machen für derlei Propaganda. Und ich vermute, dass auch der Einmarsch der Amerikaner im Irak ihnen Zulauf beschert. Die USA haben mit dem Irakkrieg das schlechte Beispiel einer Großmacht gegeben, die sich über das Völkerrecht hinwegsetzt. Sie haben ihre Macht missbraucht und Recht und Ordnung mit Füßen getreten. Dieses Verhalten hat viele europäische Nationen vor den Kopf gestoßen. Es hat die freie westliche Welt gespalten und ihre Glaubwürdigkeit und moralische Autorität sehr beschädigt. Der Irak zieht nun islamistische Terroristen aus der ganzen Welt an, die versuchen, sich als legitime Widerstandskämpfer gegen ein Besatzungsregime auszugeben und damit leider bei vielen Arabern Anklang finden.

– Genau wie die Selbstmordattentate der Palästinenser.

– Ja. Die Araber begreifen ihre jüngere Geschichte als eine Folge von Demütigungen durch den Westen, an deren Anfang der Schock der Kolonialisierung stand und die heute im Irak und im palästinensisch-israelischen Konflikt den Höhepunkt der Ungerechtigkeit erreichen. Manche Araber neigen dazu, daraus die Rechtfertigung für einen «absoluten Widerstand» abzuleiten. Die sich zusehends verschlechternde

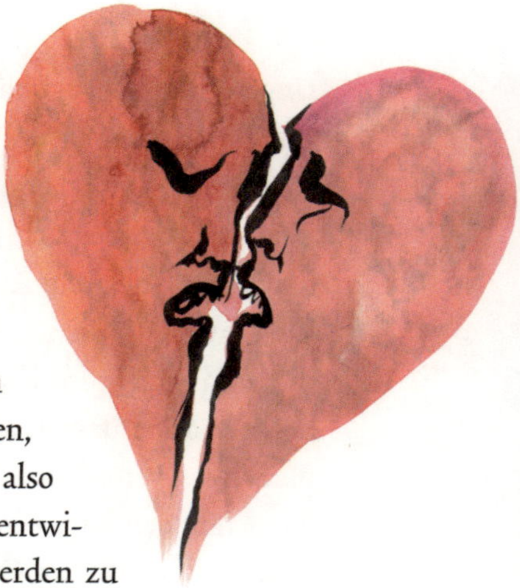

Lage in Palästina und die Situation im Irak dienen als Alibi für den Terrorismus.

– Aber die meisten Attentäter stammen doch gar nicht aus Palästina oder dem Irak, sondern aus Ägypten, Tunesien, Algerien, Libyen, Pakistan, dem Jemen, sogar aus Marokko. Und viele von ihnen haben im Westen gelebt, in Deutschland, Italien, Frankreich, Spanien und den USA. Sie sind also gar nicht direkt betroffen, und trotzdem entwickeln sie diesen mörderischen Hass und werden zu Terroristen. Kannst du mir das erklären?

– Nun, zuerst einmal ist Hass ein allgemein menschliches Gefühl, jeder Mensch kann Hass empfinden.

– Auch Kinder?

– Selbstverständlich, das Gefühl bleibt niemandem erspart. Ein auf ein anderes Kind neidisches Kind kann Hass empfinden und ausdrücken. Mir scheint, Kinder verbergen ihre Hassgefühle nicht. Sie drücken sie manchmal laut und deutlich aus. Zum Glück vergessen sie schnell.

– Vielleicht weil Kinder ungeduldig sind …

– Ein indisches Sprichwort sagt: Geduld ist, sich an das Ufer des Flusses zu setzen und auf das Vorbeitreiben der Leiche seines Feindes zu warten! Denn Hass produziert Feindschaft. Man sagt auch: Um einen Menschen zu hassen, musst du ihn geliebt haben. Das bedeutet, wir können nur hassen, was in uns Interesse geweckt und Gefühle ausgelöst hat.

– Heißt das, die Islamisten haben den Westen früher geliebt?

– Ich glaube, die meisten von ihnen stehen zwischen den Kulturen, sind auf der Suche nach einer Identität. Sie leben oft in korrupten, rückständigen Staaten, wo die Unfreiheit regiert und schreiende soziale

Ungerechtigkeit herrscht. Der Westen fasziniert und lockt sie, er steht für Freiheit, Fortschritt und Reichtum, für unendliche Möglichkeiten. Gleichzeitig sind viele abgestoßen von der Herrschaft des Individuums, dem als oberflächlich empfundenen Materialismus und den losen Sitten, der ihrem Empfinden nach moralischen Verderbtheit des Westens. Und sie haben das Gefühl, dass der Westen ihnen mit Hochmut und Verachtung begegnet, dass sie nicht mithalten, nicht dazugehören können, dass sie anders sind oder als solches angesehen werden und außen vor bleiben müssen. Wo können diese jungen Menschen, die sich in den importierten Werten des Westens nicht wiedererkennen, Rückhalt finden? Die Politik ihrer Staaten hat ihnen nichts Konkretes anzubieten. Der Sozialismus als Ideologie hat ausgedient, und auch der arabische Nationalismus ist tot, die Einheit der arabischen Welt ein Mythos (ohne die logistische Unterstützung mehrerer arabischer Staaten hätten die USA ihren Krieg nicht führen können).

In diese Lücke, in dieses Versagen dringt der Islamismus. Der Islam ist nicht nur eine spirituelle, sondern auch eine politische Religion, eine moralische Anleitung des gesamten menschlichen Handelns im Alltag. Das ist seine verführerische, aber auch gefährliche Besonderheit. Wer taktisch klug ist, kann Hass verankern in den Köpfen dieser jungen Menschen, die auf der Suche nach einem psychologischen Gleichgewicht und nach einer klaren Identität zwischen den Kulturen sind. Zuerst kritisiert man den Lebensstil der Europäer, dann greift man ihre Politik an, und schließlich macht man «den Westen» verantwortlich für alles Unglück der Muslime in der Welt.

– Der militante pervertierte Islam gibt diesen jungen Menschen also die Möglichkeit, sich zu behaupten, indem sie sich gegen die westliche Zivilisation stellen?

– Ja. Die Religion, übersetzt in politische Ideologie, ist das einzige Band, das die arabischen Völker heute zusammenhält. Diese Tatsache wird uns noch Albträume bescheren.

– Wenn die undemokratischen arabischen Regierungen ein Teil des Problems sind, haben dann die Amerikaner nicht Recht mit ihrem Versuch, den Irak zu befreien und zu demokratisieren? Vor nicht allzu langer Zeit wurden dort die ersten freien Wahlen abgehalten.

– Sicherlich müssen wir uns nach Kräften bemühen, die Demokratisierung voranzutreiben und Völker, die gegen Diktatoren kämpfen, materiell und moralisch zu unterstützen. Aber Demokratie kann einem Volk nicht von außen aufgezwungen werden, sondern muss in einer Gesellschaft von unten wachsen und von oben gefördert werden. Also: Demokratie ja. Aber nicht durch einen Völkerrechtsbruch, nicht durch Krieg. Die amerikanische Politik hat einen fatalen Präzedenzfall geschaffen. Wie viele andere Länder wären nach dieser Logik noch zu befreien? Und ist jemand, dessen Haus zerstört wurde, frei? Auch ist die Demokratie keine Pille, die man einem Volk so einfach verabreichen kann. Sie ist viel mehr als die Organisation einer freien Wahl. Demokratie ist eine Kultur, eine tägliche erzieherische Aufgabe, die Anerkennung von Regeln und universellen Werten.

– Glaubst du nicht, dass die Iraker reif für die Demokratie sind und dass eine Demokratie im Irak Vorbildcharakter für die arabische Welt haben könnte?

– Der Irak ist eine Gesellschaft von Clans, von Stämmen. Wie jede andere Gesellschaft auch, wird eine Stammesgesellschaft nicht über Nacht demokratisch. Es dauert, bis sich ein Gleichgewicht zwischen den Rechten und Interessen der Gruppe und des Einzelnen entwickelt. Demokratie ist eine Kultur, die Zeit zum Wachsen und Gedeihen braucht. Sie ist keine bloße Technik, die man importiert und anwendet. Demokratie muss man lernen. Die Mehrheit soll entscheiden, aber sie darf die Minderheiten nicht unterdrücken, denn in einer Demokratie gelten die Menschenrechte für alle Menschen, unabhängig von ihrem Glauben, ihrem Geschlecht und so weiter. Es gibt universelle Grundwerte, und es gibt lokal verankerte Traditionen. Die allgemein gültigen Werte müssen auf lokalem Boden eingepflanzt werden und gedeihen. Das alles braucht Zeit, und auch hier in Europa ging dieser Prozess nur langsam vonstatten. Daher noch einmal: Ich bezweifle, dass ein völkerrechtswidriger Krieg eine gute Voraussetzung für die erfolgreiche Demokratisierung eines Landes ist. Im Irak hat sie bislang vor allem den Antiamerikanismus geschürt und den Islamisten Zulauf beschert, die nun in den Augen vieler als legitime Widerstandskämpfer erscheinen.

– Ist Antiamerikanismus Rassismus?

– Der mörderische Antiamerikanismus der islamistischen Terroristen ist es mit Sicherheit. Sie nehmen jeden Amerikaner in Geiselhaft für die Politik seines Landes, jubilieren über jeden getöteten Amerikaner. Aber nur weil man die gegenwärtige Politik der Amerikaner kritisiert, ist man noch lange kein Rassist. Man kann großes Mitgefühl für die amerikanischen Opfer des Terrorismus haben, man kann das amerikanische Volk schätzen und ihm viel zu verdanken haben, man kann die Amerikaner zu seinen Freunden zählen und trotzdem die Politik der Vereinigten Staaten kritisieren. Als Freund sollte man dies sogar tun, wenn man das Gefühl hat, dass der andere von den eigenen Prinzipien abrückt. In und für Europa waren die USA lange Zeit die Garanten des Friedens. Sie haben geholfen, zwei Weltkriege zu beenden, und sie haben während des Kalten Kriegs die Sicherheit und Freiheit Europas gegenüber der Sowjetunion verteidigt. Die Gründung der Vereinten Nationen und der NATO, die Bemühung um die weltweite Anerkennung der Menschenrechte sowie die Weiterentwicklung des Völkerrechts geschahen wesentlich auf ihr Betreiben hin, und mit gutem Grund. Man wollte ein Instrumentarium zur friedlichen Beilegung von internationalen Konflikten und zur kollektiven Bestrafung von Schurkenstaaten etablieren. Man hatte zum Ziel, die Staaten in ein internationales Regelsystem einzubinden, um ihre Willkür einzuschränken und die Welt sicherer zu machen. Die Veränderung der US-amerikanischen Außen- und Sicherheitspolitik in der Folge des 11. September erfüllt die ganze Welt, gerade aber die alten europäischen Verbündeten der USA, mit großer Sorge, denn die einseitige Aufkündigung von Regeln scheint der Anarchie Tür und Tor zu öffnen. Welcher Staat soll sich in Zukunft noch an Absprachen gebunden fühlen, wenn die einzige verbliebene Supermacht sie nicht mehr respektiert? Und wo kommen wir hin, wenn die USA versuchen, internationale Konflikte nicht mehr durch Verhandeln und Kompromisse zu lösen, sondern mit roher Gewalt?

– Werden die USA von Rachegelüsten getrieben?

– Sie handeln aus der Überzeugung heraus, im alleinigen Besitz der Wahrheit zu sein. Das Weltbild der USA ist schwarzweiß geworden – wir sind die Guten, wer nicht für uns ist, ist gegen uns, ist böse und darf mit allen Mitteln bekämpft werden. Da unsere Feinde die Menschenrechte nicht respektieren, fühlen wir uns in unserem Kampf gegen den Terror auch nicht mehr daran gebunden. Was kümmert uns die Haltung der Vereinten Nationen, von befreundeten Staaten oder Millionen von Demonstranten in Europa. Wir haben Recht, und wir haben die militärische Macht, dieses Recht notfalls im Alleingang durchzusetzen. – Das ist das Recht des Stärkeren und hat mit Recht im eigentlichen Sinn nichts zu tun.

– Aber die USA sind doch eine Demokratie!

– Ja, aber die amerikanische Demokratie hat sich durch den größten Terroranschlag der amerikanischen Geschichte verändert. Die außenpolitische Entwicklung wurde innenpolitisch von einer vorübergehenden Einschränkung der amerikanischen Bürgerrechte begleitet. Viele liberale Amerikaner haben dagegen protestiert, konnten sich jedoch nicht durchsetzen. Die letzte Präsidentschaftswahl hat George W. Bush wieder gewonnen, sie hat aber auch klar gemacht, wie tief gespalten das Land über seine Politik ist. Leider ist das nicht nur eine inneramerikanische Angelegenheit. Die USA sind die einzige verbliebene Supermacht, deshalb betreffen diese Entwicklungen die ganze Welt. Und deswegen muss Europa den kritischen Dialog mit den USA fortführen und Alternativen zur amerikanischen Politik formulieren.

– Papa, ich möchte mehr über den islamistischen Terrorismus und über Al Qaida wissen. Wie ist diese Organisation entstanden? Was sind ihre Ziele? Wie rekrutiert sie ihre Mitglieder? Woher kommt ihr Hass auf den Westen?

– Der Terrorismus der Bewegung Al Qaida ist stark vom Wahabismus beeinflusst. Der Wahabismus wurde begründet von Scheich Mohammed Ibn Abdel Wahab, der im 18. Jahrhundert in der Nähe von Riad lebte. Abdel Wahab wiederum war geprägt vom Denken Ibn Hanbals, eines islamischen Gelehrten, der im 9. Jahrhundert, zur Blütezeit des Kalifats also, in Bagdad lebte. Ibn Hanbal verwahrte sich gegen theologische Auslegungen des Islam, die einfache Gläubige nur verwirren würden, und bestand darauf, dass der göttlichen Offenbarung im Koran nichts hinzuzufügen sei. Daneben ließ sich Abdel Wahab auch von Ibn Taimiya, einem syrischen Hanbaliten aus dem 14. Jahrhundert, inspirieren. Ibn Taimiya vertrat die Auffassung, dass der Islam unter der Herrschaft der Abassiden in Bagdad durch fremde Einflüsse tödlich geschwächt worden sei, was schließlich zum Zusammenbruch des abbassidischen Kalifats geführt hatte. Die Idee einer rechtgläubigen weltlichen Herrschaft des Kalifen war für Ibn Taimiya damit diskreditiert. Darum wollte er nun den Islam von allen äußeren Einflüssen freihalten, insbesondere von Logik und empirischer Wissenschaft, aber auch vom Sufismus, der islamischen Mystik, die Ibn Taimiya als christliches Element ansah, und strebte die Errichtung einer Art islamischer Gottesstaaten an. Auf diesen Grundlagen entwickelte Abdel Wahab eine starre Interpretation des Islam, die jede Modernität, jeden Dialog nicht nur zwischen den Religionen, sondern auch mit anderen islamischen Glaubensrichtungen und jede Öffnung gegenüber anderen Kulturen ablehnt. Dabei beruft er sich auf die angeblich reine Lehre des Korans.

– Und wie äußert sich das?

– Der Wahabismus wendet die Scharia – das im Koran offenbarte göttliche Gesetz – wortwörtlich an: Dieben wird die Hand abgehackt, Ehebrecherinnen werden gesteinigt, Frauen und Männer in der Gesellschaft systematisch streng getrennt, jegliche Art der Zinsnahme ist verboten. Das war auch im christlichen Europa lange der Fall, aber der Wahabismus tut so, als hätte sich die Welt seit dem Mittelalter nicht geändert. Auch heute noch müssen die Frauen von Kopf bis Fuß verschleiert sein, sie dürfen nicht Auto fahren und nicht öffentlich auftreten.

– Aber mit diesem verrückten Programm kann der Wahabismus doch unmöglich viele Anhänger finden. Wer lebt denn so, außer den Taliban?

– Nun, in Saudi-Arabien ist der Wahabismus Staatsreligion. Sein Einfluss geht aber leider weit darüber hinaus.

– Wie das?

– Lass mich dir vorlesen, wie es der Islamwissenschaftler Bernard Lewis in einem Interview mit der deutschen Tageszeitung *taz* erklärt hat: «Abdel Wahab lebte in einer abgelegenen Wüstenregion, in der Stämme herrschten. Seine neue Version des Islam war im Grunde eine sehr fanatische, intolerante Auslegung, weit entfernt von dem, was man den islamischen Mainstream nennen könnte. Er bekehrte die Scheichs seiner Region. Aber das wäre ohne Bedeutung geblieben, wenn es nicht zur Gründung des saudischen Königreichs gekommen wäre und zur Entdeckung des Öls. Durch ihre Kontrolle über die arabische Halbinsel und die heiligen Stätten erlangte diese marginale Strömung ein enormes Prestige. Und sie kam zu grenzenlosem Reichtum. All das hat dem wahabitischen Islam eine völlig unverhältnismäßige Bedeutung verschafft.» Um ihre Version des Islam zu verbreiten, finanzieren die Saudis über Stiftungen und Wohlfahrtseinrichtungen auf der ganzen Welt den Bau von Moscheen und Koranschulen.

– Dann ist es also kein Zufall, dass die meisten Attentäter des 11. September 2001 aus dem wahabitischen Saudi-Arabien stammen?

– Nein, auch der Begründer von Al Qaida, Osama Bin Laden, stammt aus einer der führenden Familien des Landes. Es ist auch kein Zufall, dass sie «den Westen», allen voran die Vereinigten Staaten, angreifen wollten, denn die westlichen Gesellschaften stehen für all das, was die Wahabiten ablehnen: Trennung von Religion und Staat, Vorrang des Individuums, empirische Wissenschaft, ein als oberflächlich verpönter Materialismus, Gleichberechtigung der Frau, sexuelle Freizügigkeit, Alkoholkonsum und so weiter. Osama Bin Laden zufolge treibt der Westen den Islam böswillig in die Enge, weshalb alle Glaubensbrüder zum Dschihad, zum Heiligen Krieg gegen den Westen, aufgerufen sind. Bereits 1998 schrieb Osama Bin Laden in seiner Deklaration der «Welt-Islam-Front»: «Es ist die Pflicht jedes Muslim,

Amerikaner und ihre Alliierten, sowohl Militärs als auch Zivilisten, wo immer auch möglich, zu töten.»

– Gehört der Dschihad denn zur reinen Lehre des Korans, auf den sich die Wahabiten berufen?

– Nein, die Ideologen des Dschihad handeln unter Missachtung der heiligen Schriften und verfolgen höchst eigennützige Ziele. Der Dschihad ist für sie das Mittel, um sich die Oberhoheit über die islamische Welt in einer Reihe von «islamischen Republiken» zu sichern.

– Das musst du mir einmal erklären.

– Das Wort Dschihad kommt vom arabischen Verb *ijtahada*, das so viel bedeutet wie «sich anstrengen» im Sinne von «eine Arbeit, eine Forschung, ein Wissen, eine Studie zu Ende bringen». Der Dschihad wird mehrmals im Koran zitiert und ist ein Kampf ganz besonderer Art, denn es ist eine Arbeit, die der Mensch, der Gläubige, an sich selber zu leisten hat, um sich zu bessern, seinem Glauben getreuer zu leben, den von Gott gewiesenen Weg zu beschreiten, ein besserer Mensch zu werden. Der Prophet Mohammed hatte erklärt, dass «der wahre Kämpfer derjenige (ist), der mit sich selbst kämpft», das heißt, der um Moral und Tugend ringt, um die Grundwerte des Islam in seinem Leben zu verwirklichen. Der *Dschihad al Akbar*, der große Kampf, ist derjenige, den der Mensch gegen seine Laster und Schwächen führt. Der *Dschihad al Asghar*, der kleine Kampf, ist der Krieg gegen die Feinde des Islam, die zur Zeit Mohammeds weiterhin an der göttlichen Botschaft zweifelten, die steinernen Götzen vergötterten und den Propheten mit allen Mitteln bekämpften. In der Sure IX sagt Vers 36: «Drum … bekämpfet die Götzendiener insgesamt, wie sie euch bekämpfen insgesamt, und wisset, dass Allah mit den Gottesfürchtigen ist.»

Im Koran heißt es weiter, Verteidigung ist besser als Angriff, denn der Islam definiert sich als «Unterwerfung unter den Frieden». Der Koran sagt, jedes Töten führt zu Unrecht und fördert «Spaltung» (*Fitna*),

Dar al Islam («das Haus des Islam») ist auch *Dar al Salam* («das Haus der Versöhnung und des Friedens»). Der Kampf muss mit den Waffen des Geistes ausgetragen werden, um die Wohltaten der islamischen Philosophie zum Tragen zu bringen. Dieser Kampf, diese Arbeit an sich selbst, wird von den Mystikern, den Sufis, geführt, die nur von der Liebe zu Gott leben. Die größten Sufis, des Islam sind auch seine größten Dichter, Al Hallaj, Ibn Arabi, Jalal Din Rumi. Aber ich habe dir ja erzählt, dass der Wahabismus die Sufis nicht anerkennt.

Nach und nach geriet dies in Vergessenheit, und nur der Dschihad, das heißt der bewaffnete Kampf, der Krieg, ist übrig geblieben. Dieser Krieg in Gottes Namen wird als heilig bezeichnet. Es ist verboten, das Blut eines Muslim zu vergießen, nur die erklärten Feinde des Islam sollen angegriffen werden.

– Und wer sind diese Feinde? Sind das alle, die anders leben, eine andere Religion haben? Oder sind es diejenigen, die die Muslime und den Islam direkt, mit Waffengewalt angreifen?

– Der Islam verlangt von seinen Gläubigen, dass sie die Propheten der beiden anderen monotheistischen Religionen anerkennen und achten. Der Koran betont die Besonderheiten Jesu als exemplarischer Prophet und Bote Allahs. Der Muslim muss ihn verehren und bewundern wie auch Abraham, Moses und Mohammed. Also können die Feinde des Islam eigentlich nicht die Anhänger der anderen Religionen sein. Es sei denn, diese erklären den Muslimen den Krieg, so wie es 1096 geschah, als Papst Urban der Zweite alle Christen zu den Kreuzzügen gegen den Islam aufrief. In einem solchen Ausnahmefall, wenn der Islam in seinem Bestand gefährdet ist, ist der Dschihad gestattet.

– Und wie wurde der Dschihad dann vom Verteidigungs- zum Angriffskrieg uminterpretiert?

– Zuerst wurde der Begriff Dschihad auf jeden auf islamischer Erde begonnenen Krieg ausgedehnt. Auch die Unabhängigkeitskriege gegen die europäischen Kolonialherren galten den Arabern als Dschihad, denn sie wurden nicht nur um der nationalen Sache willen – der Befreiung des Landes im Namen seiner Würde – geführt, sondern auch um dem vom kolonialistischen Christentum gedemütigten Islam zum Triumph zu verhelfen. Hier begann die Verquickung der nationalen mit der religiösen Sache.

Danach ist der Dschihad im Afghanistankrieg wieder auferstanden. Um die sowjetischen Besatzer zu vertreiben, wurden Zehntausende von so genannten Mudjahedin («islamische Glaubenskämpfer») aus über 40 Staaten angeworben und ausgebildet. Dies erfolgte mit finanzieller und ideologischer Unterstützung des wahabitischen Saudi-Arabien, darunter auch der saudische Millionär Osama Bin Laden. In ihrer Konkurrenz mit den Sowjets ließen die USA die Mudjahedin nicht nur gewähren, sondern unterstützten und finanzierten sie sogar! 1989 gelang es den Mudjahedin, die Sowjetunion in die Knie zu zwingen und aus Kabul zu vertreiben – und dem fundamentalistisch-wahabitischen Regime der Taliban («Koranschüler») Platz zu machen. Damals entstand ein sich über die gesamte islamische Welt erstreckendes Netzwerk persönlicher Beziehungen, die Al Qaida heute nutzen kann.

Nach dem Ende des Afghanistankriegs sahen Osama Bin Laden und der ägyptische Arzt Aiman Al Sawahiri – die beiden führenden Köpfe von Al Qaida – nun im Dschihad das Mittel zum Kampf gegen den dekadenten Westen, insbesondere die USA und Israel, und zur Vereinigung aller Muslime weltweit in einer *Umma Islamiya* («muslimischen Gemeinschaft»). In der arabischen Welt wollen sie die Macht über ihre Glaubensbrüder erlangen und überall durch den bewaffneten Kampf islamische Gottesstaaten errichten.

Al Sawahiri erklärt, dass es gilt, sich «auf einen Kampf vorzubereiten, der nicht auf eine einzige Region begrenzt ist, sondern der genauso den glaubenlosen Feind im Inneren wie den jüdisch-kreuzzüglerischen Feind außerhalb treffen soll».

– Wer sind den die glaubenlosen Feinde im Inneren?

– Das sind die arabischen Staaten, die nicht systematisch das islamische Recht, die Scharia, anwenden, das heißt praktisch die gesamte arabische Welt. Bernard Lewis erklärt dazu: «Eine der Innovationen der Wahabiten war es, dass sie alle anderen muslimischen Glaubensschulen als Apostaten abgelehnt haben. Im Islam ist das ein schrecklicher Vorwurf, schlimmer als Unglaube. Denn ein Ungläubiger hat einfach noch nicht die Gelegenheit gehabt, zum wahren Glauben zu finden. Ein Apostat dagegen hat ihm abgeschworen. Darauf steht die Todesstrafe. Die Wahabiten haben dem Wort ‹Apostat› eine neue und schreckliche Bedeutung verliehen. Für sie schließt das jeden Muslim ein, der nicht ihren Glauben teilt.» Das wahabitische Saudi-Arabien, wo sich die heiligen Stätten des Islam befinden, ist ein Sonderfall: Al Qaida will hier die Regierung nicht stürzen, sondern vielmehr die Kämpfe zwischen vorsichtigen Reformern und wahabitischen Hardlinern innerhalb der Regierung zugunsten der Letzteren entscheiden.

– Dann kämpft Al Qaida also gar nicht nur gegen den Westen?

– Nein. Zuerst hat der Terrorismus im Namen dieser «islamischen Säuberung» in den islamischen Ländern zugeschlagen, in Ägypten, im Sudan und vor allem in Algerien, wo der Bürgerkrieg mehr als hunderttausend Todesopfer forderte. Erst später kam die antiwestliche Offensive zum Tragen. Der Dschihad ist das Kampfmittel. Europa soll von innen ausgehöhlt werden. Mudjahedin arbeiten dort und warten auf ein Signal, um ihre Aktionen durchzuführen. So geschehen in Madrid am 11. März 2004 und in London am 8. Juli 2005: Bombenanschläge in öffentlichen Verkehrsmitteln während der Rushhour fordern um die 250 Menschenleben und über 2000 Verletzte. In beiden Fällen haben sich Al Qaida zugehörige Gruppen zu diesen Verbrechen bekannt.

Du siehst, der Dschihad hat seinen ursprünglichen Sinn völlig verloren und wurde aus politischen und kriegstreiberischen Gründen zweckentfremdet. Er ist heute ein Instrument des Hasses.

– Und er bedient sich sogar menschlicher Bomben! Dabei verbietet der Islam den Selbstmord, und die meisten Selbstmordattentäter sind doch gläubige Muslime! Wie schaffen es die Islamisten, sie davon zu überzeugen, Unschuldige zu morden und sich dabei selbst umzubringen?

– Der Rattenfänger, der Anwerber, erklärt, dass jeder, der sein Leben im Dschihad, im Kampf gegen die Feinde des Islam, opfert, zum Schahid wird – zum Märtyrer, dem sich die Pforten des Paradieses öffnen. Eine Koransure sagt: «Und sprechet nicht von denen, die erschlagen wurden in Allahs Pfad: ‹Sie sind tot.› Nein (sprechet:) ‹Sie sind lebendig. Doch ihr versteht es nicht.›» (Sure II, Vers 154). Die Argumentation ist mehr als schlicht, aber sie richtet sich an labile Jugendliche, denen die Texte des Islam nicht wirklich vertraut sind. Der Anwerber verheißt ihnen eine strahlende Zukunft nach dem Tod, er reißt die Koransuren aus dem Zusammenhang, erfindet Hadits (Sprüche des Propheten) oder entstellt ihren Sinn. Die Selbstaufopferung im Namen des Glaubens, diese Geste, die nicht aus dem seelischen Bedürfnis des Einzelnen kommt, sondern Ergebnis einer Manipulation, verinnerlichter Fremdbestimmung ist, hat nichts mit dem Islam oder irgendeiner anderen Religion zu tun. Das große Problem ist, dass auch anerkannte islamische Geistliche die Selbstmordattentäter rechtfertigen. Es ist die Logik der Sekten, das Rätsel und Geheimnis der Gurus.

Im Krieg zwischen Irak und Iran war es Ajatollah Khomeini, der Ju-

gendliche in die erste Reihe stellte und ihnen sagte, sie würden den Tod eines Schahid sterben und ins Paradies kommen, wo Allah sie entsprechend belohnen werde. Danach benutzten andere islamistische Gruppen im Libanon und in Palästina die gleichen Argumente. Auch die Tschetschenen bedienen sich der Schahids. In Bosnien, Algerien, Kaschmir, Albanien, Kurdistan und auf den Philippinen wird unter dem Banner des Dschihad gekämpft. Osama Bin Laden aber vereinte die gewaltbereiten Glaubensbrüder aus den verschiedenen Nationen und gab ihrem Kampf eine überregionale und übernationale Ausrichtung. Indem er den Islam als vom Westen böswillig in die Enge getrieben bezeichnete, zwangsverpflichtete er seine Anhänger zur heiligen Verteidigung der Religion. So wurde der Selbstmordanschlag zur globalen, allseits und überall einsetzbaren Waffe.

Dahinter steckt ein zynisches Kalkül. Al Sawahiri, der mächtigste Mann von Al Qaida nach Bin Laden und ehemaliger ägyptischer

Dschihad-Führer, hat erklärt, dass die Selbstmordoperationen den Vorteil haben, dem Feind schwere Verluste zuzufügen und auf der eigenen Seite nur ein Menschenleben zu fordern!

– Und das alles, um islamische Gottesstaaten gleich dem grauenhaften Talibanregime auf Erden zu errichten?

– Ja, die verblendeten Islamisten streben die Weltherrschaft an. In den Worten von Ramsi Binalshibh, einem der Chefplaner des 11. September, sind die Selbstmordattentate eine Art «Steuer», die die Muslime auf ihrem «Weg zur Weltherrschaft» zu entrichten hätten: «Der Dschihad ist eine absolute Notwendigkeit, und er erfordert Blut und abgerissene Gliedmaßen.» Doch wer Unschuldige ermordet, wird uns nie davon überzeugen können, dass es ihm um das Wohl des Islam und Frieden für die arabische und muslimische Welt geht.

– Papa, woran erkennt man einen Selbstmordattentäter?

– Ich fürchte, das ist kaum möglich, denn es gibt nicht das eine Merkmal, das einen dazu prädestiniert. Die meisten der Selbstmordattentäter, die sich am 16. Mai 2003 in Casablanca in die Luft sprengten, kamen aus einem Elendsviertel von Tanger. Ihre Tat auf die Armut zu schieben, wäre bequem. Aber in unzähligen Elendsvierteln, zum Beispiel in Südamerika, gibt es vergleichbare Zustände, ohne dass daraus Selbstmordattentäter hervorgehen. Und die Terroristen des 11. September waren nicht arm und auch keine Analphabeten, sondern stammten aus wohlhabenden Familien, hatten in Europa und den USA gelebt und studiert. Wir wissen, dass sich die Netzwerke der «Schläfer» – eines davon wurde im April 2004 von der französischen Polizei in einem Vorort von Paris zerschlagen – aus Menschen mit doppelter Staatsbürgerschaft rekrutieren, in diesem Fall waren es Franko-

Maghrebiner. Das beweist, dass die Drahtzieher des Terrorismus eine mobile und vor allem indirekte Strategie verfolgen. Sie brauchen Leute, die das Terrain und die Gesellschaft gut kennen. Für die Anschläge von Madrid wandten sie sich natürlich an Marokkaner, die in Spanien leben und arbeiten. Wir haben es hier mit komplexen Vorgängen zu tun, bei denen kein Land verschont wird.

– Mir fällt auf, dass alle Selbstmordattentäter relativ jung sind.

– Nun, in der Jugend neigen die Menschen schneller dazu, sehr grundsätzlich am Unrecht der Welt zu verzweifeln und sehr radikal die eigene Zukunft oder die der Welt in die Hand nehmen zu wollen.

– Aber das erklärt doch noch nichts. Es handelt sich doch um eine verschwindend kleine Minderheit der Jugendlichen.

– Ich will damit auch nur sagen, dass die islamistischen Rattenfänger die Jugend ihrer Opfer ausnutzen und verraten. Junge Menschen haben in der Regel ein sehr starkes Gerechtigkeitsempfinden, können sich extrem für Ideale begeistern, voller Überzeugung in den Dienst einer Sache stellen. Junge Menschen sind offen und formbar, weil ihre intellektuelle Entwicklung noch nicht abgeschlossen ist und sie auf der Suche sind, ihrem Leben einen Sinn geben wollen. Wenn sie in dieser sensiblen Phase an einen «Führer», «Meister» oder «Guru» geraten, eine beeindruckende Persönlichkeit, die ihnen eine Lehre verkündet und in ihren Augen ein integrer, kompromissloser, seinen Idealen treuer Mensch ist, dann sind sie sehr beeinflussbar und können von diesem Menschen neu nach

dessen Vorstellung geprägt werden. Den Führer und seine Anhänger verbindet ein extrem starkes Zusammengehörigkeitsgefühl, ein Wir-hier-gegen-die-dort («die» verstanden als westliche Mehrheitsgesellschaft, gegen die es Widerstand zu leisten gilt), der Suchende findet ein Zuhause und eine Aufgabe, wird Teil einer exklusiven Gemeinschaft, fühlt sich wichtig und ernst genommen, schreibt Geschichte, gibt seiner kleinen Existenz einen Sinn. Wenn Zweifel aufkommen, dann unterdrückt er sie, denn Zweifel gelten nicht als gesund, sondern als Verlockungen des bösen, falschen Westens, die man gleich einem Teufel austreiben muss. Auf diese Weise bestärkt er sich in seiner selbst erwählten Isolation und ist irgendwann so weit weg von seinen eigenen Gefühlen, dass er jedes Gespür für Gut und Böse, Richtig und Falsch verliert oder eben nur noch das als Gut und Böse, Richtig und Falsch erkennt, was ihm seine Anführer eingeimpft haben.

– Papa, was ist denn los im Kopf eines Selbstmordattentäters? Wie denkt er?

– Es wurde ja alles getan, damit er (oder sie) nicht mehr denkt. Er wird bewegt wie eine Marionette. Er ist nicht mehr frei, denn er entscheidet nicht mehr selbst, was er tut. Er hat sich Unbekannten ausgeliefert, wahrscheinlich Männern, die er noch nie gesehen hat, maskierten oder im Schatten agierenden Führern, die seinem Tod und damit seinem elenden Leben einen höheren Sinn geben. Er hat keinen Bezug mehr zur Welt, zu Familie und Freunden. Er ist anderswo, in einer anderen Dimension, wo der Überlebenstrieb sorgfältig ausgelöscht worden ist. Sollte er dennoch aufflackern, wird er brutal niedergekämpft.

Ich habe eine kurze Geschichte geschrieben, um zu verstehen, was sich im Kopf eines jungen Attentäters am Vortag der New Yorker Anschläge, also am 10. September, abgespielt hat. Sie heißt «Das verratene Kind». Wenn wir Angst haben, meldet sich das Kind in uns. Die Terroristen haben die natürliche Angst im eigenen Innern erstickt, das

heißt, sie haben das Kind in ihrem Inneren verraten. Sie wurden indoktriniert: Man bearbeitete sie Tag und Nacht. Durch intensive psychologische Einwirkung merzte man jeden Anflug von kritischer Vernunft in ihnen aus. Man zeigte ihnen, wie gedemütigt und schlecht behandelt Muslime werden, wie sehr die Regierenden in ihren Ländern mit dem Westen unter einer Decke stecken und so weiter. Alles mit dem Ziel, den Überlebenstrieb durch einen Todeswunsch, das Sehnen nach Liebe durch das überwältigende Gefühl des Hasses und den Wunsch nach Rache zu ersetzen. So wurden sie zu Ausführenden, zu Automaten unter der Regie eines Strategen, der mit den USA eine Rechnung zu begleichen hatte. Ich glaube, sie konnten die tragischen Folgen ihrer Tat nicht bedenken. Sie haben mit nur einem Gedanken im Kopf gehandelt, den man ihnen gelassen und in dem man sie bestärkt hatte: Es ist zum Wohl der islamischen Gemeinschaft. Das ist teuflisch und hat vor allem den Werten des Islam und der arabischen Welt schwersten Schaden zugefügt. Es wird schwierig werden und lange Zeit dauern, diesen schwarzen Fleck aus der Geschichte der islamischen Zivilisation zu löschen.

Das verratene Kind

Die Luft ist kühl, der Himmel klar. Eine seltsame Stille liegt über der Stadt. Es ist eine amerikanische Stadt. Ganz in Weiß. In der siebenunddreißigsten Straße steht ein Holzhaus. Ein kleines ruhiges Haus. Ala, den sie den «Ingenieur» nennen, hat gerade seine Waschungen beendet. Er verrichtet seine Gebete in Richtung Mekka. Er verheddert sich, vergisst niederzuknien. Seine Freunde weisen ihn darauf hin. Er bittet Allah um Verzeihung und betet noch einmal. Er hat anderes im Kopf. Er kann sich nicht auf die Koranverse konzentrieren, er denkt an etwas ganz anderes. Er unterbricht das Ge-

bet und sagt laut: «Ich bete später weiter, Allah verzeihe mir.» Er tritt hinaus in den kleinen Garten, verbirgt sich hinter einem Baum und raucht unbeobachtet eine Zigarette. Er nimmt einige tiefe Züge und drückt sie dann aus. Er sieht Autos vorbeifahren, blickt zum Himmel hoch und verfolgt mit den Augen ein Flugzeug, das zwei weiße Streifen hinterlässt, die vom Wind verschluckt werden. Der Hund des Nachbarn starrt ihn mit gesenktem Kopf an. Er untersagt sich, zu ihm zu gehen und ihn zu streicheln. Einen kurzen Augenblick lang sieht er sich in der Haut des Hundes und wagt nicht, ihn zu beneiden. Er vertreibt diesen satanischen Gedanken, seine Augen verfolgen eine zum Baum kriechende Schnecke. Er geht hin und zertrampelt sie. Dann tritt er zurück ins Haus und schlägt den Koran auf. Er liest, aber seine Gedanken schweifen ab. Mal klare, deutliche Bilder, mal wirre Fragmente überfluten ihn. Menschenköpfe auf Tierleibern, enthauptete Frauenkörper, zerhackte Gesichter, umgestoßene Gegenstände, schwarze Flecken auf einer weißen Hauswand am Meer. Er spürt, wie sein Geist sich verirrt. Er sagt sich: «Ich darf nicht denken, ich darf nicht denken, ich darf nicht denken, mich auch nicht erinnern, nein, keine Erinnerung, kein Gedanke, keine Erinnerung, keine Bilder an der Wand, mein Kopf muss leer sein, ich muss alles ablegen, darf mich nicht bewegen, meine Haltung nicht ändern, nein, der Abgrund zwischen mir und mir ist groß genug, um jeden Gedanken zu vereiteln.»

Er erinnert sich an seinen Vater, der ihm riet: «Wenn du nicht einschlafen kannst, zähle die Sterne.» Jetzt hat er keine Lust, die Sterne zu zählen, dafür aber die Stunden und Minuten, die ihn vom Tod trennen, einem sicheren, vorsätzlichen Tod, den er seit langem akzeptiert hat. Er tut es im Kopf, denn er will nicht, dass seine Freunde etwas merken. Er hat keine Angst vor dem Tod. Er hat Angst vor der Schande. Er schämt sich dafür, dass er die Schande fürchtet. Er ist zu einem Entschluss geworden, den nichts erschüt-

tern darf. Er muss genau und sorgfältig vorgehen. Keine Stimmungstiefs. Keine Unklarheiten. Keine Fragen. Nachdenken, zweifeln bedeutet bereits aufgeben. Das betrifft ihn nicht mehr. Der Tod ist gebändigt. Er wohnt ihm inne, und seine Finsternis umhüllt ihn. Der Tod ist jetzt das Schiff seiner Träume, das Geheimnis seines Schweigens. Er glaubt an das Paradies, dort oben, keinesfalls hier unten. Er denkt an die Sure zu den Gaben, die Gott Märtyrern schenkt, und fühlt sich schon besser. Seine Freunde beobachten ihn heimlich und sehen nur, dass er den Koran liest. Er erhebt sich, küsst die Heilige Schrift und legt sie an ihren Platz zurück. Ein Fieber packt ihn: Er muss sich bewegen, etwas tun. Er will nicht ins Bett, will seine Augen nicht schließen und eindämmern. Er wagt keinen Blick auf seine Freunde, die sich in ihrer neuen Haut wohl zu fühlen scheinen. Er merkt, dass sie sich kaum kennen. Sie gehören einer Generation an, kommen aber aus verschiedenen Ländern. Sie haben keine Heimat mehr, keine Bindungen, keine Familien. All das ist verschwunden, weggewischt von der Magie des Wortes. Selbst ihre Namen haben sich verändert. Ala ist nicht sein richtiger Vorname. Er weiß nicht mehr, wie er heißt. Er schwankt zwischen Nabil und Nassim. Er setzt sich hin, kreuzt die Arme, zieht den Vorhang vor und steht wieder auf. Er trinkt eine Flasche Wasser und macht Gymnastikübungen. Er sagt sich: «Wasser ist das Beste, um die Angst auszuscheiden.» Er fühlt sich zuversichtlich und stellt sich unter die Dusche. Es ist das dritte Mal an diesem Tag. Er rasiert die Haare unter den Achseln, dann um den Penis. Er sieht seinen Schwanz auf die kleinstmögliche Dimension zusammengeschrumpft. Er sagt sich: «Der ist bereits tot, tot vor Angst.» Er bedauert, dass er einen Blick darauf geworfen hat. Das hätte er nicht tun sollen. Es ist verboten. Er steht allein unter der Dusche. Niemand kann ihn sehen. Am liebsten würde er weinen, schreien, den Kopf gegen die Wand schlagen, um die Angst zu verjagen, diese Tonne Finsternis auf seiner

Brust. Er hat keine Angst vor der Gefahr, auf die er vorbereitet worden ist. Er hat Angst davor, ständig Angst zu haben. Er hat Angst, denn plötzlich ist das Kind in ihm erwacht. Er hatte es vergessen. Er zieht sich an und geht zu seinen Freunden, die um den Tisch sitzen. Er schweigt, erinnert sich an den Tag, als er beschloss, nicht mehr mit diesem anderen Ich zu sprechen, das Durcheinander erzeugt und ihm Probleme schafft. Er hat es nicht zum Schweigen bringen, es nicht abschütteln können. Er fragt sich, warum die anderen keine solchen Besucher haben, warum das Kind in ihnen abseits bleibt, schweigt, sich zum Komplizen macht. In Wahrheit weiß er nichts darüber. Vielleicht tun sie nur so, täuschen ihre Unbeteiligtheit vor. Von Zeit zu Zeit erwacht dieses andere Ich in ihm, schreit, singt, stellt egal was an. Das Kind, das er einmal war, zieht ihm die Ohren lang, brüllt ihn an, er sei in eine Falle getappt, in eine Einbahnstraße, die nur in den Tod führt. Er glaubt zu sehen, wie dieses Kind einen ausgewachsenen Wutanfall bekommt. Er steht auf und setzt sich auf das Sofa. Er schließt die Augen und gibt vor, sich auszuruhen. Er hört das Kind: «Die haben dir eine Gehirnwäsche verpasst, jeden eigenen Gedanken aus deinem Kopf verbannt, dir Geschichten erzählt, dir das Paradies versprochen, aber du weißt doch, dass sie nichts zum Versprechen haben, dass allein Gott entscheidet, ob ein Mensch das Paradies oder die Hölle verdient hat, dass am Tag des Jüngsten Gerichts allein deine Taten zählen. Die haben deinen Willen gestohlen und sich an seine Stelle gesetzt. Es sind Ungläubige, Verräter, Verbrecher, unserer Geistigkeit Entfremdete, Eindringlinge in deinem Gedächtnis. Sie haben deine Erinnerungen durch dumpfe Versprechungen ersetzt, sie haben dich von innen ausgehöhlt, deine Intelligenz beschlagnahmt, dein Leben, deine Hoffnungen zertreten, und trotz deiner wissenschaftlichen Studien, deines Ingenieursdiploms, deiner Klugheit und deiner Empfindsamkeit, trotz der Segnung durch deine Eltern, der Liebe deiner Familie, der zu Hause gelehrten Werte von Frieden und Toleranz, trotz alledem hast du ihre Wahnideen geglaubt ... Wie konntest du nur alles geben, alles verlieren? Wie konntest du nur den Tod lieben lernen, deine Haut mit seiner Asche überhäufen, ihn zu einem Verbündeten, einem alten Freund machen? Wie haben sie es geschafft, dich deiner Heimat, deinen Kinderträumen, dem Licht des Gebens, der besorgten hehren Schönheit des Lebens zu entreißen? Erinnere dich: das lange Haar, deine Mutter, meine Mutter, flocht es zu einem Zopf und band es mit einem Gummizug. Sie hatte Angst, sie würden sich auf der Straße über dich lustig machen. Erinnere dich an die Dämpfe, an die Gerüche aus der Küche, an den Duft der Gewürze: Kreuzkümmel, Ingwer, Zimt, Muskatnuss, Koriander ... Erinnere dich an den Himmel deiner Kindheit, wie er aufklart, die Äste des Mandelbaums zittern im Wind, du öffnest die Augen, atmest die vermischten Düfte ein und suchst Schutz in den Armen deiner Mutter ... Aber du willst ja gar nicht in die Vergangenheit schauen, du weigerst dich, deine Erinnerungen aufzusammeln und mir zu folgen ... Du sagst nichts, würdest am liebsten in Tränen ausbrechen, doch du hast Angst, dass es deine Kameraden sehen. Ein dem Tod geweihter Mann weint nicht, ein zukünftiger Märtyrer zeigt keine Schwäche, er verweigert sich Gefühlen, er hat keine Empfindungen mehr, das ist verboten ... Du hast dein Leben verschwendet, warst ein brillanter Ingenieur und bist zu einem Wrack geworden, einem willenlosen Wesen, vom Sohn aus gutem Hause bist du zum Verräter mutiert, der zu töten und sich selbst umzubringen bereit ist ... Ich verlasse dich, ich will nicht oben am Himmel in Flammen aufgehen, ich will nicht Tausende von Unschuldigen töten. Ich gehe und lasse dich allein mit dem Tod, dem Selbstmord, den unsere Religion schärfstens verdammt. Deshalb: Gott befohlen, ich rette meine Haut, du hast mich verraten, ich bin nur ein Junge, ich verlasse dich und nehme alle Erinnerungen mit, die guten und die schlechten. Ich ziehe durch die Straßen und suche ein anderes Gedächtnis. Vielleicht nimmt mich ein friedliebender Mensch auf, jemand, der seine Kindheit verloren hat und auf der Suche danach ist. Sobald ich dir den Rücken gekehrt habe, wirst du erleichtert sein. Du hast dann kein Gewissen mehr, kein Gedächtnis, du wirst zu einer Tötungsmaschine, die von anderen Maschinen programmiert worden ist, um den Plan eines Verrückten auszuführen, der sich für den Propheten hält. Du wirst nicht mehr da sein und nicht mehr sehen können, welch unendlichen Schaden du und deine Freunde dem Islam, den Muslimen, den Arabern, den Familien eurer unschuldigen Opfer zugefügt haben werdet. Ich halte dir keine Moralpredigt. Dafür ist es zu spät. Doch ich warne dich: Für mich bist du ein Fremder, ein Mensch, der seine Menschlichkeit, seine Vernunft und seine Kindheit verloren hat. Ich verleugne dich auf ewig.»

Ala überkommt ein Zittern. Er macht fahrige Handbewegungen, versucht, das flüchtende Kind in sich zu fassen. Er spürt, dass ihn ein wesentlicher Teil seines Lebens bereits verlässt. Er fühlt sich leer. Wind durchzieht seinen Körper. Sein Kopf schwillt an. Seine Haut errötet. Seine Lippen vertrocknen. Er erhebt sich, schwankt und stützt sich an der Wand. Er schwitzt, stürzt auf die Toilette und erbricht eine bittere gelbe Flüssigkeit. Das ist die Galle. Zugleich hat er keine Angst mehr. Er sagt sich: «Ich habe dieses Kind bereits getötet, ich habe es aus meinem Körper gejagt, wie ich vorhin die Schnecke zertreten habe. Ich spüre nichts, habe keine Gewissensbisse, keine Erinnerungen. Ich gehöre mir nicht mehr, kann alles tun, was man von mir verlangt. Ich bin bereit.» Er hört die Stimme seiner vor zwei Jahren verstorbenen Mutter, spuckt auf den Boden und gesellt sich zu seinen um den Tisch versammelten Freunden.

– Papa, gehören die palästinensischen Selbstmordattentäter auch zu Al Qaida? Es sind ja nicht nur Männer, sondern auch Frauen, ja selbst Mütter und halbe Kinder darunter. Erinnerst du dich noch an den 14-jährigen Palästinenser mit einem Sprengstoffgürtel, der sich im März 2004 an einem israelischen Checkpoint in die Luft sprengen wollte?

– Die palästinensischen Attentate richten sich nicht gegen den Westen per se, sondern gegen die israelische Besatzungsmacht. Auch wenn Selbstmordattentate Jugendlicher völlig inakzeptabel sind, so hat der palästinensische Widerstand im Gegensatz zu Al Qaida doch ein konkretes politisches Ziel: die Errichtung eines palästinensischen Staates neben Israel.

– Aber wie können sie glauben, dass sie dieses Ziel durch die Ermordung israelischer Zivilisten erreichen?

– Warum will ein Jugendlicher sterben und dabei auch andere Menschen mit in den Tod reißen? Versuche einmal, Moral und Gefühle zur Seite zu schieben und dich in einen Palästinenser (oder eine Palästinenserin) hineinzuversetzen, der (oder die) seit der Kindheit in einem Flüchtlingslager lebt. Wir sollten uns hüten, voreilige Schlüsse zu ziehen und Pauschalurteile abzugeben angesichts der furchtbaren Taten, die junge Palästinenser begehen. Zumindest müssen wir versuchen zu verstehen, auch wenn es für solche Taten keine Rechtfertigung geben kann.

Leben und Tod haben nicht den gleichen Sinn und auch nicht die gleiche Bedeutung, je nachdem, ob man in Frieden in seinem Land lebt oder in einem Lager als Flüchtling, ohne Sicherheit, ohne anerkannte Heimat. Für einen europäischen oder amerikanischen Jugendlichen, der zur Schule geht, die neueste Musik hört, mit jungen Mädchen auf Partys tanzt oder eine Disko besucht, ist der Überlebenstrieb selbstverständlich. Dieser junge Mann lebt nicht in Unsicherheit und in täglicher Gefahr. Er studiert, hat Zukunftspläne, kann sich frei bewegen und reisen und das Leben in vollen Zügen genießen. Der andere junge Mann ist in einem Flüchtlingslager geboren, er weiß, dass seine Zukunftsperspektiven nicht besonders aussichtsreich sind, und fühlt sich an allen Ecken eingeschränkt, gegängelt und gedemütigt. Vielleicht ist für ihn das Leben nicht so lebenswert und die zerstörerische Leidenschaft des Hasses irgendwann stärker als die Leidenschaft der Liebe, auch der Liebe zur Mutter. Man kann es sich nicht vorstellen, aber es gibt sogar Mütter, die sich für ihre Kinder so wenig Zukunft ausmalen, dass sie sich wünschen, sie mögen Märtyrer werden. So ist das. Ein Jugendlicher aus den besetzten Gebieten hat nicht die gleiche Weltsicht wie der Jugendliche aus dem Westen.

Sehen wir uns die Realität in den von Israel besetzten Gebieten an, in Gaza, Ramallah oder Jenin. Seit Oktober 2000 wurden laut Statistik der israelischen Menschenrechtsorganisation B'Tselem 3569 palästinensische Häuser und Gebäude bei israelischen Militär- und Strafoperationen in die Luft gesprengt. Am 25. Januar 2005 zerstörte die israelische Armee im Süden des Gazastreifens, im Viertel Salah el Din in Rafah, 25 Häuser. In eben jenem Rafah sind mehrere tausend Familien obdachlos, nachdem israelische Bulldozer gewütet haben. Oft haben diese Operationen den gleichen Vorwand: die Suche nach Terroristen. Die Palästinenser haben genau fünf Minuten, um ihre Häuser zu verlassen, bevor sich die Bulldozer in Bewegung setzen. Es gibt weder Verhandlungen noch Diskussionen. Gewalt ist Trumpf.

Hinzu kommt, dass der Bau der israelischen Mauer und die Abriegelung der palästinensischen Gebiete viele Orte völlig isoliert haben. Die Menschen dort gelangen nun zum Beispiel nur sehr schwer zu Krankenhäusern und Spezialkliniken. Nach den Statistiken der Vereinten Nationen mussten seit 2002 52 Frauen ihre Kinder an israelischen Militärblockaden zur Welt bringen, da man sie nicht weiterfahren ließ. 19 Frauen und 29 Neugeborene sind an israelischen Checkpoints gestorben.

Seit der Wahl Ariel Scharons im Februar 2001 errichteten israelische Siedler 50 so genannte illegale Siedlungsaußenposten im Westjordanland, die die israelische Regierung bis heute nicht geräumt hat. Seit Beginn der zweiten Intifada im September 2000 bis Ende September 2004 hat es 3875 Todesopfer gegeben, über 73 Prozent davon waren Palästinenser, die Tausende von Verletzten auf beiden Seiten gar nicht gerechnet.

Das ist nur ein Einblick in den bitteren Alltag der Palästinenser. Wenn ein Volk, dessen Heimat besetzt ist und das keinen Staat hat, einem militärisch sehr starken Staat gegenübersteht, der systematisch von den USA unterstützt wird und den palästinensischen Widerstand mit unverhältnismäßigen Mitteln bekämpft, wenn es keine Hoffnung auf Frieden mehr gibt, dann sehen Jugendliche ihre Zukunft einzig und allein in Widerstand und Kampf.

Als Ariel Scharon Scheich Achmed Yassin umbringen ließ, nahm er in Kauf, dass die Hamas die Ermordung ihres Gründers und Führes rächen und es zu neuen Tragödien und Vergeltungsschlägen kommen würde.

Unter diesen Bedingungen empfindet jeder Palästinenser Widerstand als Pflicht. Wenn er vernünftige Freunde hat, schließt er sich einer politischen Befreiungsbewegung an. Wenn er auf Leute trifft, die den Islam zur Kampfideologie hochstilisiert haben, wird er Mitglied einer Bewegung, die ihn zum Schahid ausbildet.

Keiner wird aus Begeisterung oder Langeweile ein Selbstmordattentäter. Aber das Leben hat nun einmal nicht den gleichen Preis für ein im Frieden aufgewachsenes Kind wie für eines, das nicht einmal Anrecht auf eine Kindheit hat. Wiederholte Erfahrungen und ein ganzes Umfeld tragen dazu bei, dass der Überlebenstrieb, die Liebe zum Leben, sich zum Todeswunsch wandelt. Und ein Schahid agiert nicht allein, er wird ermutigt, indoktriniert und angeleitet, damit seine Verzweiflung zu einem Triumph über den Tod und er zum Märtyrer werden kann, einem Jugendlichen, der sich für die Wiedereroberung und Befreiung der seit 1967 besetzten Gebiete opfert. Die Religion nimmt hier den Platz der Moral, der Politik und der Ideologie ein. Man sagt ihm, er werde ins Paradies gelangen, wie alle anderen, die im Kampf gefallen sind und deren Bilder an den Mauern der Lager hängen.

Der junge Palästinenser mit dem Sprengstoffgürtel, der als 14-jähriger Selbstmordattentäter durch die Weltpresse ging (später stellte sich heraus, dass er sechzehneinhalb und geistig zurückgeblieben war) und der sich am israelischen Checkpoint vor laufender Kamera und angesichts der auf ihn gerichteten Waffen israelischer Soldaten entkleiden musste, ist gar kein Jugendlicher. Er ist ein gealtertes Opfer, das wie ein Erwachsener reagiert und seine Pflicht als Widerständler gegen den Besatzer erfüllt. Das kann natürlich niemals rechtfertigen, dass ein Heranwachsender zum Selbstmordattentäter wird, doch es zwingt uns, über die Spirale der Gewalt und des Hasses nachzudenken, die den gesamten Nahen Osten als Geisel genommen hat.

– Ich verstehe, dass die Palästinenser durch die anhaltende Gewalt traumatisiert sind. Und dass die Verzweiflung und Perspektivlosigkeit in den besetzten Gebieten dazu führt, dass Dschihad und Schahid für viele palästinensische Jugendliche Mittel zur Anerkennung ihrer Existenz und zum Kampf um ein Leben in einem freien und unabhängigen Staat werden. Aber die palästinensische Führung kann das doch unmöglich unterstützen, oder?

– Soweit ich weiß, lehnt ein Großteil der palästinensischen Führung es ab, die Selbstmordattentäter, die ihr Leben im Namen des Islam für die nationale Sache opfern, als Märtyrer zu verehren. Wenn ein Kämpfer allerdings unter den Kugeln der Besatzer fällt, wird er als Märtyrer begraben, das wird von allen akzeptiert, und man sagt nicht, er sei tot, sondern er sei Schahid (*istash'hada*). Die palästinensische Führung will auf politischem Weg zu einem eigenen Staat kommen, nicht zuletzt um den Jugendlichen endlich eine Perspektive, eine Zukunft bieten zu können.

– Papa, sind die Palästinenser, die einen mörderischen Hass auf Israel haben, alle Antisemiten?

– Der Antisemitismus ist eigentlich der Hass auf alle semitischen Völker: Juden und Palästinenser, ja alle Araber sind Semiten, doch seit der Begriff im 19. Jahrhundert in Deutschland geprägt wurde – und spätestens seit dem Holocaust, also dem Völkermord, bei dem sechs Millionen europäische Juden von den Nationalsozialisten umgebracht wurden –, bezieht er sich wesentlich auf den Rassismus gegen Juden.

– Sind die Palästinenser also Judenhasser?

– Die palästinensische und die jüdische Nationalbewegung entstanden Ende des 19. Jahrhunderts in etwa zur gleichen Zeit, die der

Palästinenser als Unabhängigkeitsbewegung gegen das Osmanische Reich, die jüdische Nationalbewegung – der Zionismus – vor dem Hintergrund des europäischen Antisemitismus. Nach dem Ersten Weltkrieg wurde jedoch keiner der beiden Gruppen das Land übertragen, sondern den Briten zur Verwaltung übergeben, die sowohl Juden als auch Arabern die Errichtung eines Staats in Aussicht stellten. Als das britische Palästina-Mandat endete, schlugen die Vereinten Nationen 1947 eine Teilung vor, die von den Zionisten akzeptiert, von der arabischen Führung aber abgelehnt wurde. Die Palästinenser konnten nicht einsehen, warum sie das Land ihrer Vorväter mit den jüdischen Neusiedlern teilen sollten. 1948 erklärten sechs arabische Nationen dem neu gegründeten Staat Israel den Krieg, in dessen Verlauf viele Palästinenser aus Israel vertrieben wurden. Bis heute heißt dieser Krieg auf arabisch Al Nakbah – «die Katastrophe». Im Krieg von 1967 eroberte Israel unter anderem den Gaza-Streifen, das Westjordanland und Ostjerusalem, Gebiete, die zuvor von Ägypten beziehungsweise Jordanien verwaltet wurden. Die Palästinenser fordern heute diese besetzten Territorien zurück. Das hat nichts mit Judenhass oder Antisemitismus zu tun. Für sie ist es eine nationale Frage, keine der Religion oder Abstammung. Man kann durchaus gegen die Politik der israelischen Regierung und des israelischen Staates sein, ohne Hass und Ablehnung gegen Juden generell zu empfinden. Doch manche rassistische Rechtsextreme vermengen gerne Israel mit den Juden. Für sie geht es nicht um die Verurteilung der israelischen Politik, sondern um die des jüdischen Volkes. Das ist Rassismus, und es hilft der palästinensischen Sache keineswegs weiter.

– Was heißt denn Zionismus?

– Das ist ein deutsches Wort, das von dem Namen des Berges Zion bei Jerusalem abgeleitet wird. Der Zionismus ist eine politische und religiöse Bewegung, die zum Ziel hatte, einen jüdischen Staat in Erez Israel bzw. Palästina aufzubauen, der Heimat der Juden bis zu ihrer

Vertreibung durch die Römer. Manche nennen diesen Staat «das neue Zion». Der britische Außenminister Lord Balfour stellte den Juden zunächst «die Errichtung einer jüdischen Heimstätte in Palästina» in Aussicht. Die Zionisten sehen eine solche Heimstätte als sicheren Zufluchtsort für alle Juden weltweit vor dem Antisemitismus. Eines der großen Probleme von Anfang an war, dass viele Zionisten die Rechte der Palästinenser ignorierten, die doch seit Hunderten von Jahren dort wohnten.

– Heißt das, die Antizionisten sind gegen einen jüdischen Staat?

– Ich verstehe Antizionismus als Widerspruch gegen eine zionistische Ideologie, die einem anderen Volk, den Palästinensern, seine Rechte abspricht. Denn auch die Palästinenser haben historische Rechte auf das Land, das 1948 zum Staat Israel wurde. Man muss allerdings dazu sagen, dass die Vereinten Nationen die Teilung des Landes unter Juden und Palästinensern vorgeschlagen und mehrheitlich verabschiedet haben. Der kurz zuvor erfolgte Völkermord an den Juden spielte dabei eine entscheidende Rolle. Verschiedenste Interessen der Kolonialmächte Großbritannien und Frankreich beeinflussten die Beschlüsse ebenfalls. Wir müssen aber eine gerechte Lösung für die Zehntausende aus ihren Häusern und ihrer Heimat vertriebenen Palästinenser finden.

– Ist das denn so schwierig?

– Die palästinensische Führung besteht darauf, dass ein Friedensschluss auch das Rückkehrrecht der Palästinenser in die ehemalige Heimat in Israel einschließt. Die israelische Regierung lehnt dies aber ab, weil Israel damit kein mehrheitlich jüdischer Staat mehr bleiben würde. Auch erheben beide Seiten Anspruch auf Jerusalem, wegen der heiligen muslimischen und jüdischen Stätten dort.

– Lassen sich diese Differenzen nicht auf friedlichem Weg klären?

– Versuche dazu gab es vor der Wahl Scharons eine ganze Reihe. Nachdem die 1964 gegründete palästinensische Dachorganisation

PLO jahrzehntelang das Existenzrecht des Staates Israel bestritten hatte, erkannte sie es 1988 in einer Erklärung an. Damit war der Weg frei für Verhandlungen, die 1993 im Osloer Grundsatzabkommen einen ersten Durchbruch erzielten. In mehreren Schritten wollte sich Israel aus den besetzten Gebieten zurückziehen und diese an eine palästinensische Selbstverwaltung übergeben. Nach vielen Jahren der gewaltsamen Auseinandersetzung schien eine friedliche Lösung in greifbarer Nähe. Doch der israelische Ministerpräsident Yitzak Rabin, der 1994 zusammen mit seinem Außenminister Schimon Peres und dem PLO-Chef Yassir Arafat den Friedensnobelpreis erhalten hatte, wurde von einem extremistischen jüdischen Siedler ermordet, die Umsetzung der Friedensabkommen und die Klärung wichtiger ausstehender Punkte blockiert.

Trotzdem trafen sich Palästinenser und Israelis im Sommer 2000 im US-amerikanischen Camp David, doch konnten sich beide Seiten nicht einigen über die genauen Grenzen des zukünftigen palästinensischen Staates und über den Status von Jerusalem, insbesondere der heiligen Stätten. Nachdem der damalige Oppositionsführer Ariel Scharon im September 2000 einen umstrittenen Besuch auf dem Haram al Scharif (Tempelberg) in Jerusalem gemacht hatte, kam es zu Unruhen, die die Israelis mit großer Härte niederzuschlagen versuchten. Das war der Beginn der zweiten Intifada.

Im Juli 2001 trafen sich Palästinenser und Israelis unter Führung von US-Präsident Bill Clinton noch einmal im ägyptischen Taba zu Verhandlungen. Es wurde behauptet, der Palästinenserführer Arafat habe durch seine starre Haltung diese Verhandlungen zum Scheitern gebracht, doch

der israelisch-französische Journalist Charles Enderlin, der dabei war, hat in seinem Buch *Le rêve brisé* («Der zerbrochene Traum») berichtet, dass dort im Hinblick auf die in Oslo ausgesparten grundsätzlichen Fragen keinerlei wirkliche Kompromisse vorgeschlagen wurden und Arafat mit leeren Händen zurückkehren musste. Wenige Wochen später wurde bei vorgezogenen Wahlen Scharon gewählt, der die Osloer Verträge als eine Tragödie für den israelischen Staat bezeichnet hatte. Ein Friedensabkommen war unter diesen Umständen für die nächste Zeit völlig unmöglich geworden. Auf der palästinensischen Seite gewannen extremistische Gruppen immer mehr Einfluss, besonders unter den Jugendlichen, und Terrorakte nahmen zu.

– Aber es sind doch nicht alle Palästinenser damit einverstanden, Palästina mit den Juden zu teilen!

– Es gibt auch radikale extremistische palästinensische Bewegungen. Sie wollen alles Land ihrer Vorfahren zurückerobern. Das ist nicht die Position der palästinensischen Regierung, die realpolitisch vorgeht und einen Staat neben Israel haben und dort in Frieden und in gerechten Grenzen leben will.

– Es gibt also auf beiden Seiten Hass.

– Dieser Hass ist der Ausdruck einer Verweigerung der Anerkennung des anderen, einer Verweigerung des Zusammenlebens, die auf irrationalen Argumenten beruht. Der Hass zwischen Juden und Arabern wird von Ungerechtigkeiten, Verletzungen und Erniedrigungen genährt. Von Opfern einer politischen Situation kann man schwer verlangen, einen kühlen Kopf zu behalten und dem Hass keine Chance zu geben. Kriegssituationen fördern Hass. Gerade heute, wo mehrere Länder den sechzigsten Jahrestag der Befreiung der nationalsozialistischen Vernichtungslager begehen, muss man daran erinnern, dass die Araber mit dieser Tragödie nichts zu tun hatten. Das ist ein Grund mehr, dem Antisemitismus nicht zu verfallen. Die Araber sollten diesen mörderischen Rassenhass an vorderster Stelle anprangern.

– Papa, wie ist es überhaupt möglich, ein ganzes Volk zu hassen?

– Du hast Recht, dass Hass auf ganze Völker keinen Sinn ergibt, denn ein Volk ist eine abstrakte Menge. Hass auf einzelne Menschen hingegen ist häufig und sogar verständlich. Es beginnt mit Ärger und Frustration, und in der Folge entwickelt sich eine pathologische Beziehung zwischen zwei Menschen. Hassen bedeutet, ein so heftiges Gefühl der Ablehnung zu empfinden, dass man dem anderen Böses wünscht, bis hin zu seinem Tod. Hass auf einen anderen kann jeder von uns empfinden, auch ein Kind, es ist ein zutiefst menschliches Gefühl. Aber ich bezweifle, dass der Hass zwischen Völkern bereits natürlicherweise vorhanden ist. Vielmehr glaube ich, dass Grenzkonflikte oder religiöse Konflikte, bei denen es wesentlich um die Interessen und Machtgelüste einiger weniger geht, zu Kriegen führen, die wiederum in den Herzen und Gedächtnissen der Völker Hass verankern.

– Lässt sich der Hass zwischen den Völkern überwinden?

– Es geht, aber es ist ein langwieriger und mühsamer Prozess, Vertrauen zueinander aufzubauen. Europa ist das beste Beispiel dafür. Nach zwei Weltkriegen, in denen sich Frankreich und Deutschland unversöhnlich gegenüber standen, hat es mehrere Jahrzehnte gedauert und vieler unterschiedlicher Anstrengungen bedurft, damit sich die beiden Völker versöhnen und diese Vergangenheit bewältigen konnten. Heute bauen Deutsche und Franzosen Hand in Hand Europa auf. Ohne diese Freundschaft wäre die Entwicklung eines vereinten Europas unmöglich. Vielleicht mussten diese beiden Völker mörderische Auseinandersetzungen durchstehen, um zu einer Solidarität zu finden. Und seit dem Fall der Mauer hat auch die Aussöhnung mit den Ländern des ehemaligen Ostblocks begonnen, denen der Westen im Kalten Krieg über Jahrzehnte hinweg feindlich gegenüber stand.

– Franzosen, Deutsche und Russen hassen sich heute nicht mehr, aber Antisemitismus und Fremdenhass gibt es in allen diesen Ländern immer noch, und er nimmt sogar zu.

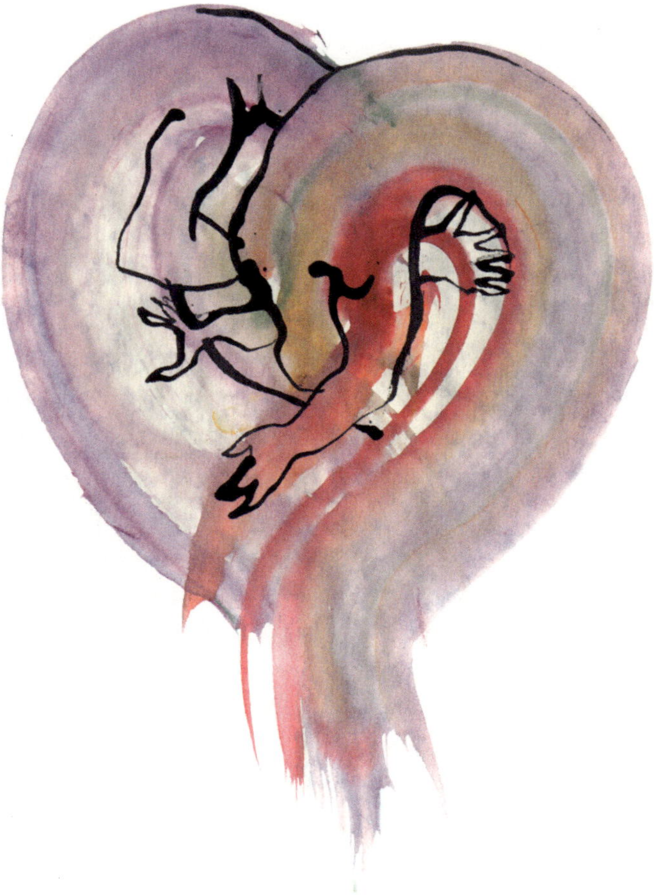

– Der auf Rassismus gründende Hass ist schwieriger zu bekämpfen und zu besiegen, denn es handelt sich um ein irrationales Gefühl, es geht um Empfindungen, die man schwer meistern kann. Wie ich dir ganz zu Anfang sagte: Er ist ein Gewand, das die Menschen jedes Mal überstreifen, wenn sie Gefahr wittern, wenn sie sich zu Recht oder Unrecht bedroht fühlen, wenn sie nicht verstehen oder nicht verstehen wollen, was um sie herum vorgeht.

– Glaubst du daran, dass Israelis und Palästinenser sich versöhnen können?

– Politisch, geographisch, historisch handelt es sich um ein objektives Problem, das sich lösen lassen müsste. Zweifellos wurden viele Gelegenheiten zu einem friedlichen Ausgleich versäumt, und die Fronten erscheinen heute extrem verhärtet. Aber wir müssen uns dafür einsetzen, dass den Palästinensern Gerechtigkeit widerfährt, dass ein gerechter und dauerhafter Frieden für beide Völker, Israelis und Palästinenser, hergestellt wird. Denn die Empörung über die israelische Politik beschert den islamistischen Terroristen weltweit Zulauf. Al Qaida geht laut den Worten von Al Sawahiri davon aus, dass «Palästina ein Sammelpunkt aller Araber, der Gläubigen wie der Ungläubigen» ist. Sobald es wahren Frieden in Palästina gibt, geraten die Einpeitscher des Dschihad in Schwierigkeiten. Wenn wir die Welt sicherer machen wollen, dann gibt es keine Alternative zum Friedensschluss in Nahost und zur Schaffung eines palästinensischen Staats neben Israel.

– Was kann man denn noch tun, um die Spirale der Gewalt anzuhalten?

– Wir müssen lernen vorzubeugen, statt ohnmächtig zu lamentieren über diese Krankheit, die dem Islam so sehr schadet. Zuallererst müssen wir uns um die Jugendlichen in den besetzten Gebieten kümmern, die so entsetzlich leicht zu instrumentalisieren sind. Wir müssen ihnen andere Horizonte im Leben erschließen als den Terror, und das funktioniert nicht mit Gewalt und Repression. Vielleicht müssen wir von den Methoden der Rattenfänger lernen, um diese Jugendlichen dem mörderischen Nihilismus zu entreißen. Das Loblied auf das Leben muss gepaart sein mit einer sicheren, wenn auch nicht unbedingt strahlenden Zukunft, damit es genug Kraft hat, jedwede Versuchung zu verjagen, die sie in die Finsternis von Selbstmord und Mord stürzt.

– Und was sollen wir hier in Europa tun?

– In Europa leben zwölf Millionen Muslime. Die europäischen Institutionen und Gesellschaften könnten einen Dialog mit diesem Teil der Bevölkerung beginnen, sie dabei unterstützen, sich heimisch zu fühlen, nicht ausgeschlossen, sondern integriert, betroffen vom Schicksal Europas, in dem der Islam als Religion und Kultur einen legitimen Platz hat. Dieser friedliche und mehrheitliche Islam wird die Versuche der Destabilisierung und des Terrors zum Scheitern bringen. Sobald die europäischen Regierungen die Muslime überzeugt haben, dass sie sie aufnehmen und mit ihnen leben wollen, werden die Vertreter des Dschihad marginalisiert oder sogar lahm gelegt. Der Dschihad findet nur Anhänger, wo es Verzweiflung, Ungerechtigkeit, Demütigung und mangelnde Anerkennung gibt.

Nicht nur in den arabischen Gesellschaften, auch in Europa stehen die Dinge leider nicht zum Besten. Überdurchschnittlich viele Araber und Türken sind arbeitslos – in Deutschland beispielsweise ist die Arbeitslosigkeit unter Türken doppelt so hoch wie in der Restbevölkerung. Ihre Sprachkenntnisse sind oft schlecht bis mangelhaft, was ihre Chancen auf höhere Bildung und beruflichen Erfolg entscheidend beeinträchtigt und so die Integration nicht nur ihrer selbst, sondern auch ihrer Kinder behindert. Zwei Drittel der deutschen Jugendlichen bekommen eine Lehrstelle, aber nur noch die Hälfte der Türken. Das Satellitenfernsehen tut ein Übriges, denn es erlaubt ihnen, türkische und arabische Sender zu sehen, deren Programm wenig mit der Sprache und Wirklichkeit des europäischen Landes zu tun hat, in dem sie leben. Viele Muslime bleiben so der Kultur und Mentalität Europas fremd, sie kapseln sich ab, wollen ihre Kinder traditionell, also islamisch erziehen und wünschen sich, dass ihre Kinder sich Ehepartner nicht aus Europa, sondern aus der Heimat der Eltern suchen – manche zwingen ihre Kinder sogar zu einer solchen Heirat. Die Europäer sollten auf diese Eltern zugehen und sie von der Notwendigkeit einer guten Ausbildung für ihre Kinder überzeugen, und sie müssen den Spracherwerb und die schulische Entwicklung der Migrantenkinder nachdrücklich fördern. Wir dürfen nicht akzeptieren, dass muslimische Eltern ihren Töchtern im Namen der Religion verbieten, an naturwissenschaftlichem Unterricht, Sportstunden oder Schulausflügen und Klassenfahrten teilzunehmen. Denn Untersuchungen belegen, dass das Zugehörigkeitsgefühl zur Mehrheitsgesellschaft und die Intensität der Kontakte zwischen Migranten und Alteingesessenen mit dem Bildungsgrad steigt. Die Europäer sollten sich auch dafür interessieren und kontrollieren, was in ihren Moscheen und in den Koranschulen gelehrt wird – denn zum Teil werden hier islamistische Lehrinhalte und Werte vermittelt, die nicht im Einklang mit unserer demokratischen Grundordnung stehen.

Das alles ist eine langwierige und schwierige Aufgabe, doch es ist eines der wenigen Mittel, denjenigen, die Mord und Terror über die Welt bringen wollen und dies auch laut verkünden, den Nährboden zu entziehen. Leider ist die Wiederwahl von George W. Bush zum amerikanischen Präsidenten nicht nur eine schlechte Nachricht für Freiheit und Frieden weltweit, sie ist auch ein Glücksfall für Extremisten und Terroristen, denn die heutige amerikanische Politik im Irak (mit mehr als hunderttausend Todesopfern seit dem Eintreffen der US-Truppen) drängt immer mehr junge Menschen in die Arme des Terrorismus.

– Papa, kannst du mir erklären, warum viele muslimische Jugendliche in Frankreich zu Judenhassern geworden sind?

– Das ist eine beunruhigende Entwicklung, die leider nicht auf Frankreich beschränkt ist, und sie ist auch nicht ganz neu. Seit 1989 gibt es eine massive Zunahme antisemitischer Straftaten in Europa. Das reicht von der Schändung jüdischer Gräber und Brandstiftungen

in Synagogen über die Leugnung des Holocaust, der so genannten Auschwitz-Lüge, bis hin zu körperlichen Angriffen auf Bürger jüdischen Glaubens. In Deutschland und Großbritannien wurde die erste große Welle bereits Anfang der neunziger Jahre registriert. Ab dem Jahr 2000 stieg die Zahl antisemitischer Straftaten in Europa noch einmal sprunghaft an, auch bei uns in Frankreich. Das bedenklichste Phänomen dabei ist, dass die Täter heute nicht mehr nur aus den klassischen rechtsextremistischen Kreisen kommen, sondern immer öfter muslimischer beziehungsweise arabischer, nordafrikanischer oder türkischer Herkunft sind. In Frankreich, Belgien, den Niederlanden und Großbritannien wird sogar der größere Teil der antisemitischen Straftaten diesem neuen Täterkreis zugeordnet. Die meisten von ihnen stammen aus Vororten und Städten, die für einen hohen Anteil von Jugendkriminalität bekannt sind: Diese Jugendlichen sind von der Schule abgegangen, haben keine Arbeit, keine Erziehung und sind oft auf sich allein gestellt.

– Warum lassen Jugendliche, die in der Schule Probleme haben, sich an den Juden aus?

– Weil es über die Juden weiterhin Vorurteile gibt, die sie als verantwortlich markieren, sobald es eine soziale oder wirtschaftliche Krise gibt. Man lässt sich an den Juden aus, weil sie eine Minderheit sind. Selbst in Frankreich, wo sie nicht mehr als 600 000 Menschen zählen, oder in Deutschland, wo ihre Zahl nur 200 000 beträgt, werden sie als bedeutende Minderheit angesehen. Zudem gibt es ein weit verbreitetes Vorurteil über diese Minderheit, das besagt, die Juden seien in allem erfolgreich, kontrollierten die Finanzwelt und die Kommunikationsmittel. 60 Jahre später taucht erneut auf, was man zuletzt unter Hitler in Deutschland und Österreich, aber auch in Frankreich und Polen über sie behauptete. Man hört wieder Sprüche über «die Judenclique, die Banken und Medien beherrscht». Diese Vorurteile sind hartnäckig und haben schließlich mörderische Folgen.

– Das sind doch die gleichen Argumente wie die der Rechtsextremen.

– Mit dem Unterschied, dass die Jugendlichen, die es auf die Juden abgesehen haben und sie verunglimpfen, selbst potenzielle Opfer rechtsextremistischen Hasses sind. Sie werden von einem Teil der Gesellschaft schlecht angesehen und ausgegrenzt. Wenn sie sich an den Juden auslassen, tun sie es eher aus Neid als aus direkt politischen Gründen. Sie werfen ihnen vor, «steinreich zu sein und Markenkleidung zu tragen». Zugleich beschuldigt man sie eines übertriebenen Geizes. Manchmal ist es ganz einfach bodenlos dumm. Aber ich möchte betonen, dass nicht nur junge Araber, junge Nordafrikaner, junge Türken für den Anstieg des Antisemitismus verantwortlich sind. Viele Nicht-Muslime, Franzosen, Deutsche, Briten, Belgier, Niederländer, beteiligen sich an diesen Schandtaten. Der Zuspruch zu rechtsextremistischen, rassistischen Parteien wie dem Front National in Frankreich, aber auch ähnlichen Gruppen in Belgien, Österreich und den Niederlanden geht nicht zurück, sondern steigt. In Frankreich erzielt die extreme Rechte im Schnitt 17 Prozent bei den verschiedenen Wahlen. In Deutschland haben sich die rechtsextremistischen Parteien NPD und DVU darauf geeinigt, sich bei Wahlen keine Konkurrenz mehr zu machen. So ist der NPD im Jahr 2004 zum ersten Mal seit über 35 Jahren gelungen, in ein Landesparlament zu kommen. In Sachsen wurde sie mit über neun Prozent der Zweitstimmen gewählt, im Saarland hat sie den Einzug ins Parlament mit vier Prozent knapp verfehlt. Und die DVU ist zum zweiten Mal in Folge in den brandenburgischen Landtag eingezogen.

– Sind die Ostdeutschen fremdenfeindlicher als die Westdeutschen?

– Einer Untersuchung von Infratest dimap zufolge finden diese Parteien sowohl im Westen als auch im Osten überdurchschnittlich viel Anklang bei jungen männlichen Wählern, darunter bei über-

durchschnittlich vielen Arbeitern und Arbeitslosen mit geringer Bildung. Da im Osten Deutschlands eine viel höhere Arbeitslosigkeit als im Westen herrscht, gibt es dort demnach auch ein viel größeres Potenzial rechtsextremistischer Wähler. Ostdeutsche wählen diese Parteien in erster Linie (57 Prozent) aus Protest gegen die Arbeitsmarktreformen der deutschen Bundesregierung (Stichwort: Hartz IV), die Ausländerpolitik rangiert dort auf Platz zwei (38 Prozent), wohingegen sie für die saarländischen Wähler an erster Stelle stand. Daran siehst du, dass die Situation komplex ist und dass rassistische und antisemitische Straftaten beileibe nicht nur auf das Konto junger Muslime gehen.

– In den französischen Medien zeigen sie aber meist nur aus Nordafrika stammende Jugendliche in Auseinandersetzungen mit Juden. Junge Juden berichten, wie sie in der Schule oder auf der Straße von arabischen Jugendlichen angepöbelt wurden. Sie zeigen so gut wie nie, was mit den anderen ist, was die sagen, die nichtjüdischen Jugendlichen.

– Stimmt. Meistens werden solche Vorfälle maghrebinischen (nordafrikanischen) Jugendlichen zugeschrieben. Doch Jugendliche von den Antillen, aus Afrika oder aus alteingesessenen französischen Familien beteiligen sich auch am Judenhass. Manchmal sind es sogar dieselben, die etwas gegen Araber haben und ihnen alles, was in den Vororten schief läuft, in die Schuhe schieben. Es gibt keinen selektiven Rassismus. In diesem Sinne ist Judenhass auch antiarabischer Rassismus.

– Wie das denn?

– Durch Ansteckung. Ich gebe dir ein Beispiel: In der Nacht vom 19. auf den 20. April 2004 wurden auf dem Tor einer Moschee in Straßburg Hakenkreuze und eine Inschrift «Tod den Arabern!» angebracht. Das ist ein Grund mehr, dem Antisemitismus nicht zu verfallen. Die Araber sollten an vorderster Stelle diesen mörderischen Rassismus anprangern.

– Aber in meiner Schule jedenfalls sagen sie, dass Araber und Juden sich nicht mögen. Deshalb sieht man sie nie zusammen. Jede Gruppe schottet sich ab, und es herrscht Misstrauen. Ein Schüler hat gesagt: «Die Araber sind doch so zahlreich und haben viele Staaten, von denen manche durch das Erdöl sehr reich sind. Warum geben sie den Palästinensern keinen Raum und lassen die Juden in Frieden in diesem kleinen Land leben?»

– Das ist ein völlig verzerrtes Argument, das die lange Geschichte des Nahostkonflikts nicht berücksichtigt. So einfach ist die Lösung nicht.

– Aber die Juden und Araber ignorieren sich gegenseitig, zumindest an meiner Schule. Sie versuchen nicht einmal, miteinander zu reden. Niemand traut sich, die grundsätzlichen Fragen anzusprechen. Es gibt nur wenige arabische Schüler, aber auch die Juden, die zahlreicher sind, bleiben unter sich und diskutieren nicht mit anderen. Dabei sind sie doch alle Franzosen!

– Zuerst einmal ist es leider so, dass diese Juden und Araber nicht genügend Selbstachtung besitzen. Sie sind alle Franzosen, die Bindungen zu den Wurzeln ihrer Eltern oder Großeltern haben. Ein junger Franzose maghrebinischer Herkunft fühlt sich nicht hundertprozentig als Franzose. Seine Eltern haben sich nicht für die französische

Staatsangehörigkeit entschieden. Sie hoffen weiterhin, in ihr Heimatland zurückkehren zu können. Ihre Kinder haben sich anders entschieden. Hatten sie überhaupt eine Wahl? Ihr Land ist Frankreich, doch sie fühlen sich auch noch als Maghrebiner, als Araber, und haben daher einen besonderen Bezug zu den Geschehnissen in der arabischen Welt, insbesondere in Palästina. Und da umgekehrt die meisten Juden Familie oder Freunde in Israel haben, sind auch sie vom Nahostkonflikt betroffen. Denn eine Bombe kann in einem Restaurant oder Bus explodieren und einen Verwandten oder Freund töten.

Bei der Identifikation dieser Jugendlichen mit dem Nahostkonflikt geht es vor allem um Gefühle. Deshalb ist es so schwer, gegen den Judenhass, den Hass auf die Araber oder auf den Islam anzukommen. Der Konflikt ist eingedrungen in Orte, wo der Alltag schwierig und das soziale Umfeld pathogen ist.

– Was meinst du damit?

– Wenn Menschen unter schwierigen Bedingungen leben, kann das mehr als Unbehagen auslösen, nämlich Krankheit und Gewalt. Das ist ein Aspekt der Sache. Dazu kommt aber auch, dass dem palästinensischen Volk Unrecht getan wird, es leidet. Das bewirkt Zorn und Wut bei den jungen Nordafrikanern, aber nicht nur bei ihnen. Es gibt viele Franzosen, die sich der Politik Israels entgegenstellen und zugleich die palästinensischen Selbstmordattentate auf Zivilisten verurteilen. Die Verurteilung des israelischen Vorgehens ist an sich noch kein Antisemitismus. Aber viele Kritiker, insbesondere manche arabischen Fernsehsender, machen keinen Unterschied zwischen Israelis und Juden, dabei leben in Israel auch christliche und muslimische Palästinenser. Und sie unterscheiden auch nicht zwischen der Politik einer Regierung und dem Leben eines Volkes. Nicht alle Israelis sind mit der Politik ihrer Regierung einverstanden. Wir leben in einer Zeit großer Verwirrung. Und so kann es passieren, dass sich Zorn und Wut auf die israelische Regierung auch in Europa in antijüdischen Aktionen

(Droh- und Schmähbriefe, Anschläge auf Synagogen, Friedhofsschändungen und so weiter) entladen. Und das vermehrt, seit die israelische Regierung einen härteren Kurs gegenüber den Palästinensern und ihren Verantwortlichen fährt, seit dem Beginn der zweiten Intifada, in der junge Palästinenser nicht nur mit Steinen werfen.

– Also gibt es einen Bezug zwischen der Zunahme antisemitischer Straftaten in Frankreich und der Verschärfung des Konflikts zwischen Israel und den Palästinensern?

– Ja. Der Jahresbericht der nationalen französischen Menschenrechtskommission vom März 2004 zeigt eine Verbindung auf zwischen den Ereignissen im Nahen Osten und der Häufigkeit antisemitischer Akte, und zwar seit dem Beginn der zweiten Intifada in den von Israel besetzten palästinensischen Gebieten im Februar 2000. Auch im März 2003, als die amerikanischen Truppen im Irak einrückten, hat es in Frankreich einen starken Anstieg antiarabischer und antijüdischer rassistischer Aktionen gegeben. Der Bericht stellt fest, dass «der Antisemitismus in der französischen Gesellschaft weiterhin sehr präsent ist». 81 Prozent der rassistischen Gewalttaten richten sich allerdings nicht gegen Juden, sondern gegen Nordafrikaner. In der Oise, in der Haute-Marne und in anderen Gegenden Frankreichs wurden Moscheen angezündet.

– Identifizieren sich auch die Türken in Deutschland mit den Palästinensern?

– Die Türken sind keine Araber. Früher, zur Zeit des Osmanischen Reichs, hatten sie sogar mehrere arabische Länder besetzt, unter anderem Algerien, Tunesien, Ägypten, Libanon, Syrien und Palästina. Deshalb geht den Türken der Nahostkonflikt emotional nicht so nahe wie den Arabern. Aber die 3,2 Millionen Muslime in Deutschland sind ja nicht alle Türken. Unter den arabischen Muslimen gab es ähnliche Vorfälle wie in Frankreich, wenn auch nicht so gehäuft. Weltweites Aufsehen erregte der Anschlag mit drei Molotowcocktails auf eine Synagoge in Düsseldorf im Jahr 2000. Er war zunächst deutschen Neonazis zugeschrieben und trotz geringem Sachschaden als Symbol für das Wiederaufleben rechter Gewalt und antisemitischer Tendenzen unter den Deutschen wahrgenommen worden. Bei dem Besuch des Tatorts hatte Bundeskanzler Gerhard Schröder zum «Aufstand der Anständigen» aufgerufen. Doch dann gestanden zwei junge Araber die Tat und gaben «Hass auf Israel und die Juden» als Motiv an, sie hätten gegen die Politik Israels gegenüber den Palästinensern «ein Zeichen setzen» wollen. Aus ähnlichen Gründen haben vier Schüler libanesischer Herkunft im Dezember 2000 in Moers ein jüdisches Mahnmal mit Nazi-Symbolen und den Worten «Libanon» und «Allah» beschmiert. Allein in Berlin kam es in den letzten Jahren mehrmals zu spontanen körperlichen Angriffen arabischer Jugendlicher auf Menschen, die als Juden erkennbar waren – etwa weil sie einen Davidstern oder einen schwarzen Hut trugen. Aber diese Fälle sind eher die Ausnahme. Häufiger werden arabische Migranten selbst Opfer von Rassismus und Fremdenhass. Das bekannteste Opfer ist der 28-jährige algerische Asylbewerber Farid Guendoul. 1999 war er im brandenburgischen Guben nach einer Hetzjagd durch deutsche Jugendliche in Todesangst durch

die Scheibe einer verschlossenen Haustür gesprungen und verblutet. Von den alltäglichen Diskriminierungen ganz zu schweigen. «Schwarzköpfe» werden viele genannt – auch von Türken. Oder «Scheißaraber».

– Die Opfer des Rassismus sind selbst Rassisten geworden, ist es nicht so?

– Ja. Ich betone noch einmal: Von Rassismus ist a priori niemand frei, und jeder Mensch kann ihm verfallen. Es wäre falsch anzunehmen, der Rassismus würde sich nur in einem Lager äußern, würde nur von einer Seite getragen, in diesem Fall von den alteingesessenen Franzosen oder Deutschen. Es geht nicht darum, die einen mit Schuld zu überhäufen und die anderen rein zu waschen. Leider kann der Rassismus in jeder Hautfarbe, in jeder Sprache, in jeder Religion auftreten. Er wird zum Kommunikationsmedium, sicherlich dem schlechtesten von allen, die Widersacher kommunizieren durch Misstrauen und Ablehnung.

Aber es ist beileibe nicht so, dass allein die arabisch-muslimischen Gruppen verantwortlich für den heutigen Antisemitismus sind. Über die Neonazis und Rechtsextremen, die erhöhten Zulauf bekommen, haben wir ja bereits gesprochen. Und der Jahresbericht 2002/2003 der Europäischen Stelle zur Beobachtung von Rassismus und Fremdenfeindlichkeit (EUMC – European Monitoring Center on Racism and Xenophobia) erwähnt den Antisemitismus der griechisch-orthodoxen Kirche: «In Griechenland steht ein Großteil der Bevölkerung hinter der These eines Komplotts der Juden zur Weltherrschaft. Die orthodoxe Kirche schließt weiterhin antijüdische Referenzen in das liturgische Ritual des Karfreitags ein.» Das sollte auch die Muslime beunruhigen, denn du musst wissen, es gibt keinen selektiven Rassismus. Der Rassist drückt seine Ablehnung einer bestimmten Gruppe aus, doch du kannst sicher sein, er verspürt den gleichen Hass gegen andere Gruppen, zu denen er nicht gehört.

– Wie kann man in der Schule gegen den antijüdischen und antiarabischen Rassismus vorgehen?

– Ich habe dir ja gesagt, das ist nicht vom Kopf, sondern von den Gefühlen gesteuert. Es geht nicht um Vernunft, sondern um Frustrationen und Demütigungen. Hass ist zum Kommunikationsmittel zwischen den Menschen des Nahen Ostens geworden, die seit 1948, dem Jahr der Gründung des Staates Israel und der Vertreibung Tausender palästinensischer Familien, leiden. Hass ist ansteckend. Um ihn zu bekämpfen, muss man den Dialog suchen und Erklärungen zulassen, man muss sich auf Kultur und Verstand beziehen. Das ist die Rolle der Pädagogik an den Schulen. Es ist unzulässig, dass Kinder sich in der Schule beschimpfen und Krieg spielen, als sei ihr eigenes Haus in die Luft gesprengt oder ihr eigener Bruder in einem Bus bei einem Selbstmordattentat getötet worden. Was da geschieht, dürfen wir nicht länger zulassen. Der Lehrer sollte die Ursachen des Nahost-Konflikts erklären und die einen wie die anderen zur Vernunft bringen. Solange es jedoch keine gerechte und dauerhafte Lösung für diesen Konflikt gibt, wird er weiterhin auch in Europa schwer wiegende Auswirkungen auf die Verhaltensweisen der einen und anderen in der Schule und bei der Arbeit haben. Jean Daniel, der Gründer der Wochenzeitung *Le Nouvel Observateur,* schrieb: «Solange die Gewalt zwischen diesen beiden kleinen – so engen, so symbolischen – Staaten Israel und Palästina sich fortsetzt und verschärft, solange die Medien ihrer Aufgabe mit den ihnen heute zur Verfügung stehenden technischen Mitteln nachkommen und Tag für Tag, Stunde um Stunde, Minute um Minute, Bild für Bild berichten von der Anzahl ziviler Opfer der Attentate, der Anzahl der von Bombardierungen Getöteten und Verwundeten, von den zerstörten Häusern und den abgeriegelten Dörfern, so lange sehe ich nicht, wer in beiden Lagern so über den Dingen stehen könnte, dass er sich nicht betroffen fühlt und reagiert.» Siehst du, man kann den Konflikt auch dadurch erklären, dass man die Fakten in Erinnerung ruft und die Denkweisen beleuchtet.

– Sag mir doch, Papa, warum ein in Frankreich geborener und lebender Nordafrikaner sich nicht 100-prozentig als Franzose oder ein junger in Deutschland geborener und lebender Türke sich nicht 100-prozentig als Deutscher fühlen sollte?

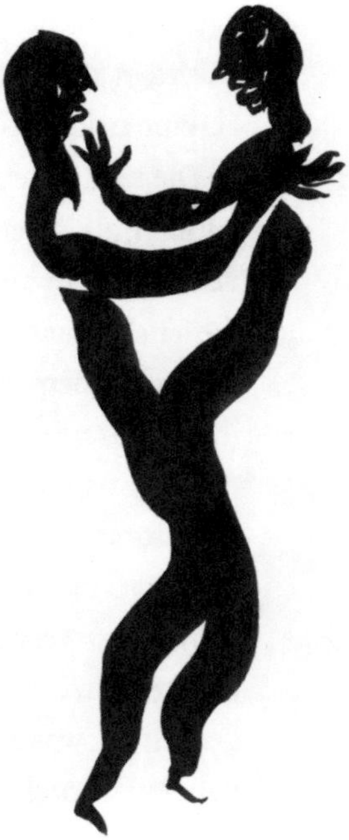

– Ein Grund dafür ist sicher, dass diese Jugendlichen zwischen verschiedenen Kulturen hin- und hergerissen sind und ihre Identität suchen. Es gibt aber auch Unterschiede in der Gesetzgebung der beiden Länder. In Deutschland wird die Staatsbürgerschaft vom «ius sanguinis», dem Abstammungsrecht («Recht des Blutes») bestimmt: Deutscher ist, wessen Eltern Deutsche sind, also sind es die Kinder ausländischer Eltern nicht, auch wenn sie in Deutschland zur Welt kommen. Erst seit ein paar Jahren gibt es ein Optionsmodell, wonach in Deutschland geborene Ausländerkinder bis zur Volljährigkeit die deutsche und die Staatsangehörigkeit ihrer Eltern besitzen; an ihrem 18. Geburtstag müssen sie sich dann allerdings für eine der beiden Nationalitäten entscheiden. In Frankreich, Großbritannien und den USA hingegen gilt das «ius soli», das Territorialprinzip: Wer auf dem Territorium dieser Länder geboren wird, besitzt damit automatisch deren Staatsbürgerschaft sowie die durch Abstammung erworbene Staatsbürgerschaft seiner Eltern.

In Deutschland bilden die türkischen Einwanderer mit 28 Prozent der dort lebenden Ausländer die größte Einwanderungsgruppe. Vielleicht deshalb, vielleicht auch weil sie vielerorts eigene Viertel bezogen haben oder als Muslime besonders fremdartig wirken, sehen die meisten Deutschen in ihnen «die» Ausländer schlechthin. Die anderen

– jugoslawische, polnische, griechische oder italienische Einwanderer – werden als weniger fremd angesehen und auch lange nicht so stark als einheitliche Gruppen wahrgenommen.

Die türkische Einwanderung nach Deutschland hat Ende 1961 begonnen, als die ersten türkischen «Gastarbeiter» ins Land geholt wurden. Das Wort zeigt schon, dass man in Deutschland davon ausging, die Türken würden wieder in ihre Heimat zurückkehren, aber viele sind geblieben. Erst 1974 erkannte man diese Realität an und erlaubte ihnen, ihre Familien nachzuholen. Weil Deutschland aber die doppelte Staatsbürgerschaft nicht akzeptiert, scheuen viele von ihnen die Einbürgerung. Die Gründe dafür sind emotional und materiell. Viele fürchten, durch die Aufgabe der türkischen Nationalität ein Stück Identität zu verlieren. Und bis vor ein paar Jahren bedeutete diese Aufgabe gleichzeitig den Verzicht auf Erbrecht und Immobilienbesitz in der Türkei, was erklärt, warum viele Türken sich nicht einbürgern ließen. Zum Glück gibt es in Frankreich die doppelte Staatsbürgerschaft.

– Dann ist es doch sehr anders hier in Frankreich ...

– Ja, die Geschichte und die Rahmenbedingungen sind anders. Doch es wurde nichts oder fast nichts unternommen, damit die jungen Franzosen nordafrikanischen Ursprungs mental, kulturell und psychologisch zu Franzosen werden. Ihre Integration wurde von der Gesellschaft versäumt.

– Aber Papa, du sprichst von Integration, dabei sind sie hier in Frankreich geboren und haben die französische Staatsbürgerschaft, meinst du nicht, das ist da das falsche Wort?

– Stimmt, reden wir lieber von Emanzipation oder Sich-akzeptiert-Fühlen. Dennoch könnte das Wort Integration allgemein benutzt werden, denn manche wurden ja nicht in Frankreich geboren und sind mit der Zeit zu Franzosen geworden. 1966 stellte sich dieses Problem den Briten: Pakistanische und indische Einwanderer bekamen auf britischem Boden Kinder. Sollte man sie als Einwanderer ansehen, was ja so nicht stimmte, oder als Briten neuen Typs? Der damalige Innenminister Roy Jenkins definierte «die Integration nicht als einen Angleichungsprozess durch Assimilation, sondern als Chancengleichheit, gepaart mit kultureller Vielfalt in einer Atmosphäre gegenseitiger Toleranz».

– Und was ist Assimilation?

– Assimilieren bedeutet anverwandeln; die Differenzen verschwinden. Um nicht mehr als Fremde angesehen zu werden, verzichten die Leute auf jegliche Besonderheit. Sie geben ihre Traditionen und Bräuche auf, wollen ihre Herkunft vergessen machen, wenn nicht gar verleugnen. Manche ändern ihren Namen, damit man ihre Herkunft nicht mehr erkennen kann, andere bemühen sich eifrig um «echt französische» oder «echt deutsche» Verhaltens- und Denkweisen. Solange sie an ihrer eigenen Identität zweifeln, fühlen sie sich unwohl, und das wird zu Konflikten bei ihrer Integration führen. Hannah Arendt, die in ihrer berühmten Studie *Elemente und Ursprünge totaler Herrschaft* die Vorgeschichte des Holocaust untersucht hat, berichtet darin, dass der moderne Antisemitismus entstanden und gewachsen ist, als sich die Juden den europäischen Gesellschaften assimilierten.

– Das verstehe ich nicht.

– Nun, über Jahrhunderte hinweg verachtete und verfolgte man die Juden aufgrund ihrer Religion. Unter Christen gab und gibt es das weit verbreitete Vorurteil, dass die Juden Jesus kreuzigen ließen. Als viele von ihnen sich dann aber nicht mehr an die jüdischen Speisegesetze und die Sabbatruhe hielten, auf das Tragen der Kippa verzichteten, manche ihre Religion ganz aufgaben und zum Christentum konvertierten, als sie also äußerlich nicht mehr als Juden zu erkennen waren, wurden sie nun verfolgt, weil sie jüdischer Abstammung waren. Man wähnte, dass nicht mehr die Religion, sondern «das Blut» beziehungsweise «die Gene» einen zum Juden machten.

Auch heute zeigt sich der Rassismus oft dann besonders aggressiv, wenn die Unterschiede durch Ähnlichkeiten ersetzt werden. Die Anhänger rechtsextremistischer Ideen beunruhigen nicht nur die kulturellen und gesellschaftlichen Unterschiede der Fremden, sondern auch die Tatsache, dass diese Fremden sich zu integrieren beginnen, womöglich sogar erfolgreicher und wohlhabender als viele Alteingesessene werden und wie «echte Europäer» wirken. Sie gehören der europäischen Gesellschaft an. Sie geben Europa Farbe. Die extreme Rechte sieht die «weiße» Identität durch die kulturelle Mischung gefährdet.

– Kann denn Identität immer nur mit einer Kultur verbunden sein? Vorhin hast du ja erwähnt, dass viele nordafrikanische Franzosen an

ihrer Identität zweifeln, weil sie zwischen den Kulturen hin und her gerissen sind.

– Erinnerst du dich an die Fragen, die die Leute in Marokko dir stellten, als du noch ein Kind warst? «Bist du nun Marokkanerin oder Französin?» Du hast geantwortet: «Ich bin Pariserin.» Doch du hast bereits als kleines Kind gewusst, woher deine Eltern stammen, du hast das Geburtsdorf deiner Mutter besucht, du hast Arabisch gelernt, du bist mal mit einem französischen Pass, mal mit einem marokkanischen Pass gereist. Ich glaube, du hast kein Identitätsproblem, denn du kennst deine Herkunft und die deiner Familie. Du kennst und akzeptierst sie. Da gibt es nichts zu verbergen, nichts, wofür du dich schämen müsstest. Identität ist eine Art innerer Sicherheit, die keine Zweideutigkeiten kennt. Das ist aber nicht für alle Jugendlichen maghrebinischer Herkunft der Fall. Manche versuchen, ihre Herkunft zu verleugnen.

– Das können aber nicht so viele sein. Um mich herum sehe ich junge Maghrebiner, die nichts von ihrer Herkunft verbergen. Im Gegenteil, sie spicken ihr Französisch mit oft sehr witzigen arabischen Ausdrücken. Vorhin hast du gesagt, dass der Staat diese Kinder vergessen hat …

– Ja, sie sind in Frankreich geboren, besitzen die französische Staatsbürgerschaft, doch der Staat und die Regierung haben sich nicht um sie gekümmert. Man hat sie vergessen. Man hat sie sogar mit ihren Eltern verwechselt und wie Einwanderer behandelt, doch das sind sie nicht. Sie sind nicht von auswärts nach Frankreich gekommen, sie wurden in Frankreich geboren, erhielten die französische Staatsbürgerschaft. Doch viele Menschen lassen sie ihre Ablehnung spüren. Ihre Leistungen in der Schule werden davon beeinflusst, sie bekommen keine Arbeit oder keine Wohnung, sie fühlen sich gedemütigt. Diese Jugendlichen sind die Hauptopfer des Rassismus in Frankreich. Überall lässt man sie spüren, dass sie keine wirklichen Franzosen sind. Die

Regierung und die Gesellschaft haben nichts zu ihrer Emanzipation und zu ihrer Förderung beigetragen. Das nehmen sie der Gesellschaft übel, für die ihre Eltern geschuftet haben, die aber die neue Jugend zurückgewiesen hat, die diese Einwanderer Frankreich geschenkt haben. Dieser Zustand ist nicht über Nacht vom Himmel gefallen, sondern hat sich über etwa dreißig Jahre entwickelt. Mit Ausnahme der Kampagne «SOS Rassismus» in den achtziger Jahren haben die Politiker zu keinem Zeitpunkt im Alltag der Menschen etwas Grundlegendes bewegt.

– Was hätten sie denn tun sollen?

– Sich um die Wohnungsfrage in den Elendsvierteln kümmern, die Schullaufbahn der zwischen der Kultur ihrer Eltern und der französischen Kultur hin und her gerissenen Kinder und Jugendlichen begleiten, in die kulturelle Arbeit und die Aufwertung ihrer Identität investieren. Doch stattdessen haben die Verantwortlichen die Probleme festgestellt und sich abgewandt. Stell dir vor, in den Niederlanden und Deutschland sitzen eingebürgerte Marokkaner und Türken heute in den Gemeinderäten und Parlamenten. In Frankreich aber haben wir nicht einen einzigen Parlamentarier der zweiten Generation nach der Einwanderung. Selbst die politischen Parteien des linken Spektrums tun sich schwer und fürchten die Reaktion ihrer Wählerschaft. Sie denken, die Franzosen seien noch nicht bereit, im Parlament und im Senat von Franzosen ausländischer Herkunft vertreten zu werden. Wer gegen Vorurteile und Rassismus kämpfen will, kann das über die Förderung dieser Einwandererkinder tun, sie bei Einstellungen alteingesessenen Franzosen vorziehen, selbstverständlich nur bei gleicher Eignung. Es geht nicht darum, sie zu bevorzugen oder prinzipiell zu begünstigen.

– Glaubst du, der Rassismus gegenüber den Kindern von Einwanderern ist mit schuld daran, dass auch in Europa der Islamismus auf dem Vormarsch ist?

– Dazu muss ich weiter ausholen. Die Identitätsprobleme mancher Migrantenkinder erzeugen eine Leere: In der Schule stellen sie fest, dass sie trotz der Bemühungen einiger Lehrer nicht mithalten können; ihre Hausaufgaben erledigen sie nicht oder nur mangelhaft, weil ihre Eltern keine Zeit für sie haben oder Analphabeten sind, weil sie selbst jobben oder auf kleinere Geschwister aufpassen müssen, mitunter auch, weil die Wohnung so klein ist, dass es keine ruhige Ecke zum Arbeiten gibt. So kommt es, dass diese Kinder sich gehen lassen, unmotiviert sind, keinen Ehrgeiz entwickeln. Die Jugendlichen sehen, dass ihre älteren Geschwister und Freunde trotz Schulabschluss und manchmal Studium arbeitslos sind. Sie merken, dass ihre Eltern weiterschuften und weder ein besseres Leben noch Frieden finden. Sie wollen nicht enden wie sie oder ihnen auch nur ähneln. Es fehlt an männlichen Vorbildern, denn die Autorität der Väter ist durch deren demütigende Lebensumstände entwertet, nur das Bild der Mutter bleibt stark. Manche lungern in den Gängen der Mietskasernen herum, es bilden sich Banden, das leicht verdiente Geld lockt, kaum durchdachte Revolte scheint verführerisch. Sie begehen kleine Verbrechen als Reaktion und Antwort auf ihre Identitätskrise. Sie fühlen sich weder geliebt noch geachtet für das, was sie sind, für ihre Andersartigkeit, ihre äußere Erscheinung, ihre Herkunft. Sie fühlen sich abgewiesen und rotten sich zusammen. In der Schule dirigiert man sie hin zu Haupt- und Berufsschule, denn es herrscht die Überzeugung, dass diese Kinder sowieso nicht weiterkommen. Selbst wenn ein Kind begabt ist, werden seine Fähigkeiten nicht unbedingt berücksichtigt, man schickt es auf einen Weg, der nicht zu ihm passt. Das ist Rassismus. Er ist nicht einmal vorsätzlich, das wurde nicht von vornherein so geplant, aber es gibt einen Automatismus: Manche Schulverantwortlichen sehen vor lauter Problemen keine Talente mehr. Sie schieben Kinder ab, die ihnen schwierig erscheinen. Zum Glück verhalten sich nicht alle Lehrer so. Viele Kinder aus den Vorstädten wurden durch das Engagement ihrer Lehrer vor dem Abgleiten auf die schiefe Bahn bewahrt. Was für Jugendliche allgemein gilt, trifft natürlich auch auf die Migrantenkinder zu: Je mehr positive Ansprache und Anerkennung sie erfahren, desto ungefährdeter werden sie durchs Leben gehen. Aber wo diese Bestätigung fehlt, kann es zu einer problematischen Entwicklung kommen.

– Da bin ich aber erleichtert, dass nicht alle missachtet werden.

– Nicht alle, aber die Mehrheit. Die Zahlen sprechen für sich. 1999 haben laut Statistiken des Erziehungsministeriums nur vier Prozent der Kinder von Einwanderern Universitätsniveau erreicht, zum Vergleich: 25 Prozent der Kinder französischstämmiger Arbeiter studieren an Universitäten. Du siehst, da wurde eine ganze Generation geopfert. Sie sehen nur die Leere vor sich, keinerlei Zukunft, und lassen sich daher auf jedes Abenteuer ein. Das ist dann die Stunde des Islamismus.

– Ist das in Deutschland genauso? Die PISA-Studie hat doch ergeben, dass die Kinder von Ausländern besonders schlecht in der Schule abschneiden.

– Ja, aber bei genauerer Analyse zeigt sich, dass das nichts mit ihrer Nationalität zu tun hat. Ausschlaggebend ist vielmehr das Bildungsniveau der Eltern, insbesondere der Mutter, und wie gut im Elternhaus Deutsch gesprochen wird. Weil die ausländischen Schüler der PISA-Studie zumeist aus einfachen Verhältnissen stammen und nur gering oder gar nicht gebildete Eltern haben, sie zudem oft nur mangelhafte Sprachkenntnisse besitzen, bringen sie schlechte Voraussetzungen für schulischen Erfolg mit. Deutsche Kinder aus sozial schwachen Verhältnissen schnitten vergleichbar schlecht ab, und Probleme mit der deutschen Sprache wurden in «erschreckendem Maß» auch bei Kindern aus deutschsprachigen Arbeiterfamilien festgestellt. Deutschland hat darauf reagiert und will nun als Erstes den Spracherwerb im Kindergarten- und Vorschulalter stärker fördern.

– Papa, warum dürfen muslimische Schülerinnen an unseren Schulen kein Kopftuch tragen? Ist das nicht Rassismus? Richtet sich dieses Verbot nicht eindeutig gegen den Islam und spielt den Islamisten in die Hände? Verstößt es nicht gegen das Menschenrecht auf freie Religionsausübung und das Gebot der Toleranz?

– Nein, hier geht es darum, die Verpflichtung des französischen Staats zur Laizität zu verteidigen.

– Was heißt Laizität?

– Der Begriff bezeichnet die strikte Trennung von Religion und Staat, gegen die alle religiösen Fundamentalisten Sturm laufen. Laizistisch ist alles, was weder religiös noch kirchlich ist. Die Laizität ist ein politisches Konzept, das die Kirche, die Synagoge, die Moschee und andere Stätten des Glaubens strikt in ihre religiöse Rolle verweist, ihnen verbietet, sich um Erziehung, Krankenhäuser und andere Bereiche des öffentlichen Lebens zu kümmern.

Laizität ist keine Ablehnung oder Abweisung der Religion, im Gegenteil, sie ermöglicht es allen Religionen, nebeneinander zu bestehen, solange sie sich nicht in öffentliche Dinge einmischen. Religion ist eine private Angelegenheit, was nicht verhindert, dass sie offen und frei ausgeübt werden kann.

Ende des neunzehnten Jahrhunderts gab es in Frankreich harte Auseinandersetzungen um die Trennung von Kirche und Staat. Das Ergebnis war das Gesetz vom 9. Dezember 1905. Es schreibt einen der grundlegenden Werte der französischen Demokratie fest. Das Gesetz definiert den Status und den Stellenwert der Religion in der französischen Gesellschaft. Zum Beispiel haben Juden wie Christen Privatschulen gegründet, die vom Staat gefördert werden. Die Zeugnisse dieser Schulen werden genauso anerkannt wie die der staatlichen Schulen. Doch die staatlichen Schulen sind für alle Kinder da. Wer seine Kinder auf konfessionelle Schulen schicken will, tut dies aus privaten Gründen.

Frankreich ist der einzige europäische Staat, der die Laizität per Gesetz in seine Grundsatzprinzipien eingeschrieben hat. Weißt du, dass in Italien die Ehescheidung bis vor kurzem von der katholischen Kirche untersagt war? Erst Anfang der siebziger Jahre wurde dieses Verbot vom italienischen Staat aufgehoben. In Spanien hat sich der Diktator Franco sehr auf die katholische Kirche gestützt, um an die Macht zu kommen und sie zu bewahren. Und die britische Königin ist noch heute das Oberhaupt der anglikanischen Kirche.

Ohne das Wissen um Frankreichs Laizität kann man die Kopftuchdebatte nicht verstehen, die erstmals 1989 aufkam. Der Leiter einer Sekundarschule sah zwei marokkanische Schülerinnen mit Kopftuch. Er bat sie, das Kopftuch abzunehmen. Sie weigerten sich. Die Eltern mischten sich ein und dann auch die Medien. Die Kopftuchaffäre war auf dem Tisch. Nach einer Zeit der Ruhe, in der die Schulleiter selbst entscheiden konnten, was erlaubt und was verboten war, wurde das Kopftuch wieder zum Thema, nicht nur in den Schulen, auch in den Krankenhäusern und in manchen Verwaltungen.

– Aber warum gibt es jetzt ein Gesetz, das «offensichtliche Zeichen» in den Schulen verbietet? Und wie definiert man da «offensichtlich»?

– Das französische Wort «ostensible» kommt vom Lateinischen «ostendere», das «aufzeigen» bedeutet. Ostensibel, offensichtlich ist, was gezeigt wird. Die Schule ist nicht der Ort, an dem man Zeichen seiner religiösen Zugehörigkeit zur Schau tragen soll.

– Ja, aber alle wissen, dass dieses Gesetz sich in erster Linie auf das Kopftuch bezieht.

– Das stimmt. Aber vergiss nicht, dass das Tragen des Kopftuchs ein Symbol ist, ein Zeichen der Absonderung, ein Identität behauptendes Zeichen, das mehr bedeutet als eine religiöse Zugehörigkeit.

Im Einleitungstext heißt es: «Das Gesetz ist in der laizistischen Tradition verankert, die den Staat zum Schutzpatron der freien Gewissensäußerung macht. Die Neutralität des öffentlichen Dienstes ist in diesem Zusammenhang ein Pfand der Gleichheit und der Achtung für die Identität eines jeden.»

– Aber wir leben doch in einem freien Land: Jeder zieht an, was er will. Diese jungen Mädchen haben das Recht, ihre Haare nicht zu zeigen, keine engen Kleider zu tragen und sich nicht zu schminken. Das ist ihre Wahl, ihre Freiheit.

– Da stimme ich dir voll zu. Doch diese Freiheit hat Grenzen, und aufgrund des Gesetzes zur Trennung von Religion und Staat haben diese Mädchen nicht das Recht, die Religion an den öffentlichen Schulen wieder einzuführen. Wenn ich sage, das Kopftuch ist ein Symbol, meine ich damit, es ist ein politisches Symbol, das insbesondere den Status der Frau definiert.

– Wie das?

– Alles dreht sich um die Unterordnung der Frau. Ein Mädchen mit Kopftuch sollte auch nicht am Sportunterricht teilnehmen, denn die Sportkleidung könnte ihre Verwandten schockieren; sie kann nicht am Biologieunterricht teilnehmen, denn dort wird sie von wissenschaftlichen Erkenntnissen erfahren, die im Gegensatz zu den Behauptungen ihrer Religion stehen; sie kann auch nicht am Zeichenunterricht teilnehmen, denn man sagt ihr, der Islam verbiete das Zeichnen und Malen und so weiter. Das französische Erziehungsministerium betont, dass «die religiösen Überzeugungen der Schüler ihnen nicht das Recht geben, sich einer Unterrichtsstunde zu entziehen».

– Ist der Islam denn gegen das Zeichnen und Malen?

– Nein, ganz und gar nicht. Der Islam verbietet die Darstellung des Propheten und Gottes. Doch es gibt eine Legende, die behauptet, der Islam sei gegen die Malerei. Das ist absolut falsch.

– Der Islam ist doch auch nicht gegen das Wissen. Im Gegenteil, er fördert das Lernen.

– Sicher. Doch denke daran, dass der Fanatismus auf Unwissenheit beruht.

– Ich verstehe, doch warum soll das Kopftuchtragen gegen die Freiheit der Frau sein?

– Im Koran gibt es einige Verse zum Kopftuch. Doch nirgendwo steht, dass eine muslimische Frau verschleiert zur Schule gehen soll oder dass sie im Krankenhaus nicht von männlichen Ärzten untersucht werden darf. Das ist eine weit hergeholte Interpretation und steht sogar im Widerspruch zum Geist des Islam.

– Warum lehnen dann aber diese Mädchen, die ja zumeist Französinnen sind, die Laizität ab?

– In erster Linie, weil man ihnen sagt, dass die Laizität eine Form von Atheismus ist, dass die Freiheit der Frau, wie sie in Europa gelebt wird, Tür und Tor zu Laster und Unmoral ist. Man gibt ihnen Beispiele aus dem Fernsehen, aus der Werbung. Man erzählt ihnen auch, die Laizität sei eine Bedrohung der Ausübung des Glaubens und dass sie sich öffentlich zum Islam bekennen sollten. Kurz und gut, man treibt einen Keil zwischen ihre Glaubens- und Lebensart und die des Westens.

– Was schockiert denn diese muslimischen Familien?

– Kannst du dich an die Werbekampagne zum String erinnern?

– Nein, ich habe nicht darauf geachtet. Ich mag keine Werbung.

– Als die Kopftuchdebatte lief, hat eine Unterwäschefirma sehr provokative Plakate anbringen lassen mit hübschen jungen Frauen, die nur einen String anhatten. Der Text dazu lautete: «Ich bin Jungfrau, und Sie?» Diese Werbung hat viele Menschen schockiert, nicht nur Muslime, denn seit langem benutzt die Werbung den Körper der Frau, um egal was zu verkaufen. Das ist erniedrigend für das Bild der Frau.

– Wie haben die muslimischen Eltern reagiert?

– Einige haben zu bedenken gegeben, dass man einerseits jungen Mädchen verbietet, ihren Kopf zu bedecken, und andererseits jungen Mädchen erlaubt, mit so tief sitzenden Hüfthosen zur Schule zu kommen, dass man sogar den String sehen kann!

– Den Vergleich finde ich absolut treffend.

– Ja, aber diese Eltern wissen nicht, dass der Staat nicht in den kommerziellen Wettbewerb eingreift. Die Werbung ist frei. Sie wird von einer Behörde kontrolliert, aber man kann eine Werbung nicht verbieten, weil sie Passanten moralisch schockieren könnte. Man kann sie kritisieren, aber man kann sie nicht per Dekret verbieten.

– Ich verstehe Eltern, die Moral und Keuschheit großen Wert beimessen. Sie befürchten, die Kontrolle über ihre Töchter zu verlieren.

– Und diese Kontrolle finden sie im Islam. Deswegen zwingen manche Eltern und älteren Brüder die Mädchen, das Kopftuch zu tragen.

– Werden sie alle gezwungen, sich so anzuziehen?

– Nein, doch es wird zu einer Bewegung, einer Art Mode der Gemeinschaft, einem Erkennungszeichen und auch einem Zeichen der Unterwerfung unter das Gesetz des Vaters oder des großen Bruders.

– Aber im Fernsehen habe ich kultivierte junge Frauen gesehen, die das Kopftuch als persönliche Entscheidung vertreten, als Ausdruck ihrer Freiheit. Da steckt kein Vater oder großer Bruder dahinter.

– Noch einmal: Es ist ihr absolutes Recht, sich so zu kleiden, wie sie wollen.

Das französische Gesetz verweigert ihnen nur die Möglichkeit, die Religion in den Bereich des öffentlichen Lebens (Schulen, Krankenhäuser, Verwaltung) zu tragen. Die Stadt Paris musste eine Beamtin entlassen, die sich weigerte, das Kopftuch abzunehmen und Männern die Hand zu schütteln.

– In Deutschland habe ich Mädchen mit Kopftüchern aus den Schulen kommen sehen. Gibt es dort kein Gesetz zum Kopftuch?

– In Deutschland erhebt der Staat heute von allen Bürgern, die zu einer der großen Kirchen gehören, ungefragt und automatisch spezielle Steuern, die Kirchensteuern, die er an die jeweilige Kirche weiterleitet. Das ist in einem Staatsvertrag geregelt. Die Konfessionslosen zahlen natürlich nichts. Es gibt also keine offizielle Trennung zwischen Kirche und Staat. Die Verfassung garantiert die freie Ausübung des Glaubens. Alle Religionen haben ein Anrecht darauf, ohne dass sich der Staat mit der einen oder anderen identifiziert. Das hat den ehemaligen Bundeskanzler Helmut Kohl jedoch nicht daran gehindert, öffentlich zu behaupten, dass «das Christentum eine Grundlage der deutschen Kultur ist».

Was das Tragen von Kopftüchern in den Schulen betrifft, stellt sich die Frage anders als in Frankreich. Denn in Deutschland sind nur der Staat und seine Institutionen – also auch die öffentlichen Schulen – zur weltanschaulichen Neutralität verpflichtet. Das reicht bis in die Gestaltung der Klassenzimmer hinein. 1995 gab es in Deutschland das so genannte Kruzifixurteil. Das Karlsruher Verfassungsgericht erklärte eine Verfügung des Landes Bayern, die die Schulen verpflichtete, in den Klassenzimmern Kruzifixe – also Darstellungen des gekreuzigten Jesus – aufzuhängen, für verfassungswidrig, da es nicht- oder andersgläubige Schüler unerlaubter religiöser Beeinflussung aussetzt. Auch der Kampf um das Kopftuch wird in Deutschland gerichtlich ausgefochten, allerdings nicht von den muslimischen Schülerinnen – deren Recht, ein Kopftuch in der Schule zu tragen, sieht man bislang durch die Verfassung und das Gebot, das Erziehungsrecht der Eltern zu respektieren, garantiert. In Deutschland sind die muslimischen Lehrerinnen ins Kreuzfeuer geraten, und eine von ihnen hat einen Entscheid des höchsten Gerichts erstritten. Im September 2003 befand das Verfassungsgericht, dass es muslimischen Lehrerinnen zusteht, an öffentlichen Schulen Kopftücher zu tragen, und dass dieses Recht nur aufgrund einer gesetzlichen Grundlage und nur dann eingeschränkt werden darf, wenn das Tragen des Kopftuchs mit dem Neutralitätsgebot des Staats (Lehrerinnen sind Staatsbeamte) und dem Erziehungsrecht der Eltern nicht vereinbar ist. Das Gericht musste sich damit befassen, als eine muslimische Lehrerin, Fereshta Ludin, die aus Afghanistan stammt, aber seit 1995 deutsche Staatsbürgerin ist und das Staatsexamen als Lehrerin bestanden hat, nicht in den baden-württembergischen Staatsdienst übernommen wurde, weil sie ein Kopftuch trug.

– Wie hat sie das Tragen des Kopftuchs denn begründet?

– Sie sagte: «Ich sehe die Religion als grundlegenden Teil meiner Identität an.» Danach kam die Sache an das Verfassungsgericht, das ihr Recht gab.

– Was hat denn der Bundeskanzler dazu gesagt?

– Gerhard Schröder hat im Fernsehen erklärt: «Wenn eine junge Frau in der Gesellschaft ein Kopftuch tragen möchte, halte ich das für tolerabel. Wenn sie es als Angehörige im öffentlichen Dienst tun möchte, würde ich sagen: Nein, da erwarten wir eine andere Weise, sich anzuziehen.» Aber da das Schulsystem in Deutschland Ländersache ist, kann die Bundesregierung hierzu kein Gesetz erlassen. Weil keine Religion benachteiligt werden darf, haben einige deutsche Bundesländer daraufhin Gesetze ähnlich dem französischen gegen das Tragen von Symbolen der Religionszugehörigkeit in der Schule verabschiedet. Noch ist juristisch nicht geklärt, ob das heißt, dass auch Nonnen nicht mehr in ihrer Tracht unterrichten dürfen.

– Was ist denn aus der deutsch-afghanischen Lehrerin geworden?

– Heute lehrt sie an einer städtisch anerkannten und finanzierten islamischen Schule in Berlin-Kreuzberg, wo sie ihr Kopftuch tragen darf. Aber ihr Fall hatte Folgen. In Deutschland gibt es 3,2 Millionen Muslime, die meisten sind Türken. Das Problem stellte sich also auch anderswo. Auch Baden-Württemberg hat mittlerweile ein Gesetz erlassen, um Lehrerinnen das Kopftuchtragen an den Schulen zu verbieten. Die zuständige Ministerin hat es mit genau den Worten gerechtfertigt, die ich dir letztens gesagt habe: «Das Kopftuch ist immer auch ein politisches Symbol.»

– Und wie sieht es in Großbritannien aus, wo es ja sogar Polizisten mit Turbanen gibt?

– Das sind die Sikhs – Angehörige einer aus Indien stammenden religiösen Mischform von Hinduismus und Islam. Turban und Kopftuch sind in Großbritannien offiziell als Varianten der britischen Polizeiuniform zugelassen, weil man Sikhs und Muslimen den Zugang zur Polizei erleichtern will. Und bereits 1983 wurde einem jungen Sikh durch höchstrichterliches Urteil erlaubt, einen Turban in der Schule zu tragen. Auch in den britischen Schulen gibt es Uniformen, aber viele Schulen haben ihre Bekleidungsregeln so modifiziert, dass das Kopftuch Teil der Schuluniform sein kann, allerdings eben auch uniform, das heißt, Farbe und Länge des Kopftuchs werden vorgeschrieben. Nun hat aber im März 2005 das zweithöchste britische Gericht in einem Musterverfahren entschieden, dass ein muslimisches Mädchen in der Schule statt Schuluniform ein traditionelles Gewand tragen darf, das bis auf den Boden reicht und nur Gesicht und Hände unbedeckt lässt. Die 16-jährige Shabina Begum hatte ein «Recht auf Bildung und auf Darstellung ihrer religiösen Überzeugungen» eingeklagt. Das Berufungsgericht in London, über dem nur noch die Lordrichter des Oberhauses stehen, gab ihr Recht. Die Schule in Luton bei London hatte Begum vom Unterricht ausgeschlossen, weil sie sich weigerte, statt in ihrem Gewand in Schuluniform mit Kopftuch zu erscheinen. Der Direktor begründete dies damit, dass die Uniform für alle verpflichtend sei.

– Aber Papa, das zeigt doch, dass es verschiedene Arten des Umgangs mit dem Kopftuch gibt. Großbritannien und Deutschland sind da offensichtlich toleranter als Frankreich.

– Ich bin der Meinung, dass es die falsche Toleranz ist, weil sie eben begünstigt, dass sich muslimische Schülerinnen von der Mehrheitsgesellschaft abgrenzen, anstatt sich in sie zu integrieren. In einer deutschen Zeitung wird von einer Hauptschule in Berlin-Neukölln berichtet, die seit mehr als zehn Jahren keine Klassenreisen mehr unternimmt, weil muslimische Eltern ihre Töchter nicht mitreisen lassen. Auch beim Sportunterricht fehlen diese Mädchen. Und oft werden sie von der Teilnahme am Sexualkundeunterricht befreit. In Berlin geht die Toleranz inzwischen so weit, dass die Islamische Föderation an öffentlichen Schulen Religionsunterricht erteilen darf, der vom Land Berlin finanziert wird, ohne dass Berlin irgendeine Kontrolle über die Auswahl der Lehrer oder die Lerninhalte ausübt. Theoretisch ist es also möglich, dass dort islamistische Fanatiker Grundschüler in Islamkunde unterrichten – stell dir das einmal vor! Ich meine, Frankreich hat hier einen Vorsprung gegenüber den Nachbarstaaten und kann stolz darauf sein, vor hundert Jahren die Trennung von Kirche und Staat vollzogen zu haben.

– Aber bleibt der Laizismus, die Trennung von Staat und Religion, für den Islam nicht ein Widerspruch in sich?

– Für die meisten Koran-Gelehrten, die nicht aus ihren Ländern und Schulen herauskommen, sicherlich. Die islamische Theologie ist seit langem erstarrt. Heute wagt es niemand, an die heiligen Texte zu rühren. Deshalb setze ich mehr auf die Muslime, die im Westen leben und von der Modernität persönlich berührt sind und in ihrem Bewusstsein verändert werden. In Europa erleben sie, dass man seine

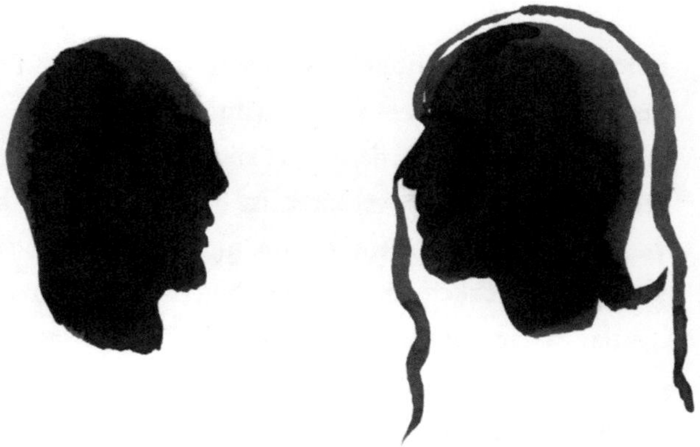

Religion ausüben kann, dass man glauben und beten kann, ohne mit der Religion und den heiligen Schriften Politik zu machen.

– Gibt es denn irgendein laizistisches islamisches Land?

– Die Türkei ist ein laizistisches Land. 1923 hat Mustafa Kemal Atatürk in diesem islamischen Land die Trennung von Religion und Staat eingeführt. Der Islam sollte nunmehr in den Moscheen bleiben und das politische und soziale Leben der Türken nicht weiter beeinflussen. Die Revolution von Atatürk entschied sich für den Westen und dessen Werte, gegen den Orient und die arabische Welt, die das Osmanische Reich durch seine Besatzung gut kannte. Atatürk ersetzte auch die arabische Schrift durch die lateinische. Er schaffte die religiösen Gerichte ab, verbot traditionelle Kleidung, gab der Frau gleiche politische Rechte wie dem Mann und führte das Schweizer Zivilgesetz ein.

– Und wie sieht es heute aus?

– Trotz einer islamistischen Regierung hat die Türkei nicht mit der Laizität gebrochen. Den Mädchen ist das Kopftuchtragen an öffentlichen Schulen verboten. Die Türkei will ja der Europäischen Union beitreten und hat Interesse, nicht als islamistisches Land zu erscheinen. Ihre Laizität ist ein gewichtiges Argument bei den Verhandlungen um den Beitritt. Sie ist das einzige laizistische islamische Land.

Eine nicht unbedeutende Anekdote: Der jetzige Premierminister Recep Erdogan hat seine zwei Töchter zum Studium in die USA geschickt, nach Harvard, denn dort können sie Kopftücher tragen, während es in der Türkei verboten ist beziehungsweise bis vor kurzem war. Denn um Studentinnen, die nicht auf ihr Kopftuch verzichten wollen, die Rückkehr an die türkischen Universitäten zu ermöglichen, hat das Parlament im Februar 2005 ein Gesetz erlassen, das das Kopftuchtragen an den Universitäten gestattet.

– Ich frage mich, was aus den muslimischen Mädchen wird, die bei uns der Schule verwiesen werden, weil sie sich weigern, das Kopftuch abzunehmen. Wenn sie nicht mehr am Unterricht teilnehmen dürfen, werden sie doch nur noch radikaler und hängen ihren Überzeugungen noch starrer an. Das ist Ausgrenzung und nutzt ihnen in keiner Weise.

– Da hast du Recht. Die Ausgrenzung wird sie keinesfalls zu befreiten Frauen machen. Sie werden islamische Privatschulen besuchen. Das ist eine Wahl, die nicht im Widerspruch zur Laizität steht. Gläubigen Familien, die ihren Kindern eine von ihrer Religion geprägte Ausbildung geben wollen, steht es frei, nach den Gesetzen der Republik Schulen zu gründen. Das ist natürlich leider auch oft eine Geldfrage.

– Wie kann man diesen jungen Mädchen helfen, damit sie sich emanzipieren, denn die Ausgrenzung löst kein einziges Problem, sie schafft nur neue.

– In den Kreisen der Einwanderer muss im Alltag langfristig gearbeitet werden, kulturelle Arbeit, die Verbesserung ihrer Lebensbedingungen. Wir müssen ihnen helfen, ihre Verunsicherung abzulegen, ihnen erklären, dass der Westen, ob christlich oder laizistisch, ihre Kinder nicht «stehlen» wird. Doch dazu bedarf es einer neuen Politik, rationaler, humaner, offener für die Kulturen der Einwanderer. Sie dürfen nicht marginalisiert, in tatsächliche oder symbolische Ghettos gesteckt werden. Europa sollte seine Beziehungen zu seinen Ausländern neu überdenken.

– Und wie kommt man an die Mädchen heran, die das Kopftuch tragen, sei es auf Druck der Familie oder aus Überzeugung?

– Wir müssen mit ihnen reden, einen unpolemischen Dialog anfangen. Wir müssen ihr Vertrauen gewinnen, statt sie anzugreifen und abzulehnen.

– Glücklicherweise handelt es sich um eine Minderheit unter den Einwandererfamilien.

– Ja, es ist eine Minderheit. Anfang 2005 waren nur 48 Schülerinnen der öffentlichen Schulen verwiesen worden. Doch die öffentlichkeitswirksamen Aktionen und Erklärungen der Kopftuchbefürworter bewirken ein Amalgam zwischen Araber, Muslim, Fundamentalist und Fanatiker. Denn manche ihrer Anführer hetzten offen rassistisch gegen Frankreich, Frauenrechte, Juden und auch Homosexuelle.

– Sind Homosexuelle also auch Opfer von Rassismus?

– Sie sind Opfer der Homophobie, also der Angst vor der Homosexualität. Diese drückt sich in der Ausgrenzung, Verachtung und manchmal Demütigung homosexueller Männer und Frauen aus, die bis zu körperlichen Angriffen gehen kann, mitunter mit tödlichen Folgen. So wie in Frankreich im Januar 2004, als mehrere Männer Sébastien Nouchet zusammengeschlagen und schwer verletzt und anschließend in Brand gesteckt haben, nur weil er ein Homosexueller war. Die Homophobie ist also eine Form des Rassismus, denn die Ablehnung beruht auf Vorurteilen, Ignoranz und Intoleranz und kann bis zum Mord gehen. Es ist eine gewaltsame Verweigerung der Anerkennung des Andersseins.

– Wir leben in einer Zeit, in der niemand von rassistischem Hass verschont bleibt!

– Papa, ich habe gehört, die Niederlande seien ein Beispiel für das Scheitern der Idee von der multikulturellen Gesellschaft. Wie ist das gemeint?

– Nicht nur in den Niederlanden hat man lange geglaubt, in aller Ruhe mit den anderen Kulturen und Religionen zusammenleben zu können. Das war vielleicht gut gemeint, doch die Wirklichkeit ist komplizierter. Die von manchen Europäern an den Tag gelegte Toleranz beruhte möglicherweise zumindest unbewusst auf der tiefen Überzeugung, dass sich über kurz oder lang das – als deutlich überlegener und der Zeit angemessener empfundene – westliche humanistische laizistische Wertesystem automatisch durchsetzen würde und das Zusammenleben auf dieser Grundlage stattfände. Das hat sich mittlerweile als Irrtum herausgestellt. Es gibt ein ideologisches Vakuum: Es wurden keine gemeinsamen Werte definiert und aufgebaut, nach denen sich das öffentliche Leben gestalten könnte. Ein friedliches Zusammenleben der Gruppen und Kulturen und die Respektierung ihrer Unterschiede ist aber nur auf der Grundlage der Anerkennung gemeinsamer Werte möglich.

Die Vermittlung dieser Werte muss bereits in der Schule ansetzen, und genau hier beginnt das Problem. Aus falsch verstandener Toleranz haben die Niederländer religiöse Schulen gebaut, die vom Staat finanziert, aber nicht von ihm kontrolliert, sondern von der Religion beherrscht werden. Die islamischen Vereine fordern den Einsatz von Imamen, die Behörden gestatten ihnen, sie aus Marokko zu holen. Das sind dann Männer, die das Gastland nicht kennen und nicht verstehen, die Sprache nicht sprechen und sich benehmen, als lebten sie in einer von Clans geprägten, zum Kollektiv neigenden Gesellschaft, in der die Rechte des Einzelnen hinter die der Gruppe zurückzutreten haben. Die Niederlande bemühten sich um das Wohlergehen der islamischen Gemeinschaft und schufen dadurch Ghettos in der eigenen Gesellschaft, in denen das Religiöse über Recht und Gesetz triumphiert. Das soll kein Vorwurf sein an diejenigen, die Fremde gastfreundlich aufnehmen wollten. Es handelt sich hier jedoch um eine völlige Fehleinschätzung der Situation.

– Erklär mir diese Fehleinschätzung, gib mir ein Beispiel.

– Im März 2004 wurde ich nach Amsterdam eingeladen, um mit den Schülern einer islamischen Schule über Rassismus und Fremdenhass zu diskutieren. Zuerst konnte ich mich nicht mit der Idee anfreunden, doch schließlich sagte ich mir, dass man auch mit den Schülern einer solchen Institution das Gespräch suchen müsse. Ich dachte irrtümlich, die Schule sei privat und habe nichts mit dem Staat zu tun. Doch sie ist staatlich subventioniert und anerkannt. Als ich eintrat, traf mich der Schlag: Alle Mädchen waren verschleiert und die Lehrerinnen auch. Eine marokkanische Lehrerin erklärte mir, sie trüge den Schleier, um ihren Posten nicht zu

verlieren: Schleier oder Arbeitslosigkeit. Sie beklagte sich über die trübe Stimmung in der Schule. In den Klassen sitzen die Jungen auf der einen Seite und die Mädchen sauber getrennt auf der anderen. Gemischte Klassen unter strenger Überwachung. Die große Mehrheit der Schüler waren marokkanischen, einige wenige türkischen Ursprungs. Zuerst sprach ich in Französisch zu ihnen, und jemand übersetzte ins Holländische. Dann wechselte ich ins Arabische. Erleichterung und Gelächter. Es entstand eine gewisse Verbundenheit. Das Gespräch drehte sich um Rassismus und den Islam. Ich bezog mich auf die Koransuren, in denen die Frau als minderwertiges Wesen dargestellt wird. Eine weibliche Stimme rief mir in Arabisch «Molheid» (Ungläubiger) zu. Ich nutzte die Gelegenheit und erklärte den Begriff der Toleranz und das Recht auf freies Denken. Ich stieß auf taube Ohren. Ich sprach eine Stunde unzensiert, und dann war der Unterricht zu Ende.

– Und was ist anschließend passiert?

– Nach der Unterrichtsstunde kamen fünfzehn Schülerinnen zu mir und stellten mir in Arabisch Fragen zu meinem Lebensstil, ob meine Kinder die Gebete verrichteten. Ich fragte ein recht kokettes junges Mädchen, wo sie die Ferien verbringe. «In Tanger». – «Gehst du denn zum Strand?» – «Sicher, aber ich verheimliche es meinem Vater. Am Strand trage ich einen Badeanzug, aber zu Hause tue ich alles, was mein Vater verlangt!» Ich fragte: «Aber wenn er wüsste, dass du im Badeanzug am Strand bist, was dann?» – «Da denke ich lieber nicht dran, er ist gewalttätig», antwortete sie.

– Wird diese Schule denn von Muslimen geleitet?

– Der Direktor, den ich mir als bärtigen Dschellabaträger vorgestellt hatte, war ein Holländer aus dem Bilderbuch mit Anzug und Krawatte, der weder Arabisch noch Türkisch sprach. Vom Staat hier eingesetzt. Ich fragte ihn, warum alle Mädchen Schleier trügen. Er erklärte mir, ohne Schleier dürfe man nicht in diese Schule, das sei das Prinzip und die Regel. Ich erzählte ihm von dem französischen Gesetz zur Laizität und vom Verbot, an den öffentlichen Schulen religiöse Zeichen zur Schau zu tragen. Er sagte mir: «Bei uns respektieren wir die Religionen und die Unterschiede.» Als ich das Gebäude verließ, sah ich auf der Straße etwa dreißig Kinder mit rasierten Schädeln in traditioneller Kleidung. Es waren türkische Kinder, die aus der ebenfalls staatlich geförderten Koranschule kamen.

– Ist das nicht eine Form der Toleranz?

– Eine solche Politik, bei der die neuen niederländischen Bürger ihre Unterschiede zur Schau tragen und entwickeln können, leistet der Entstehung von Parallelgesellschaften Vorschub.

– Was sind Parallelgesellschaften?

– Damit sind Gruppen gemeint, die in unserer Gesellschaft leben, aber unsere grundlegenden Werte nicht teilen. Es gibt keinen gemeinsamen Nenner, man lebt nebeneinander her statt miteinander und bleibt sich fremd. Natürlich darf und soll jede Gruppe ihre eigene Sprache, Kultur und Tradition pflegen. Aber sie darf dabei nicht gegen die Menschenrechte und andere Prinzipien demokratischer Verfassungen verstoßen. Religiöse oder kulturelle Praktiken, die damit nicht zu vereinbaren sind, können wir nicht tolerieren.

– Ich verstehe, Parallelgesellschaften sind das Ergebnis des Scheiterns der multikulturellen Gesellschaft.

– Ja, sie sind die Verweigerung der Integration, der Verschmelzung der Gruppen und des Multikulturalismus. Sie bedeuten den Rückzug in die eigene Gruppe und öffnen Ausgrenzung und Rassismus Tür und Tor. In Frankreich vertritt der Front National die These der Achtung der Unterschiede im Sinne der Entwicklung jeder Kultur in ihrem Ghetto und der Verhinderung von Berührungspunkten, damit ja keine Vermischungen entstehen.

– Warum haben die Niederländer denn diese religiösen Schulen eingerichtet?

– Sie denken wohl, es ist der Wunsch der eingewanderten Eltern.

– Aber wissen diese Eltern, dass ihre Kinder niemals in die Heimat zurückkehren werden? In Frankreich jedenfalls gestalten die Einwandererkinder ihr Leben dort, wo sie geboren wurden.

– Ja, du hast Recht. Heute stellen die längst etablierten legalen Einwanderer kein Problem mehr dar. Sie sind nicht einmal von der Frage der Integration betroffen. Ihr Leben liegt hinter ihnen. Die endgültige Rückkehr in die alte Heimat ist nur noch Illusion. Die Europäer, insbesondere die Deutschen, haben immer geglaubt, diese Einwanderer zögen eines Tages wieder in ihre Heimat zurück. Viele Einwanderer glaubten das selbst auch. Doch die Rückkehr ist meist schwieriger als gedacht. Die Situation in den Heimatländern ist oft instabil, sie werden von politischen und wirtschaftlichen Krisen geschüttelt. Viele wollen nicht allein dorthin zurückkehren, aber ihre Kinder haben nicht die geringste Lust mitzukommen, denn ihre Heimat ist nicht die der Eltern. Diese in Europa geborenen Kinder stellen ein vielschichtiges Problem dar, weil sie ihren Platz in der europäischen Gesellschaft nicht finden. Die Kultur der Eltern haben sie sich nur teilweise und unausgegoren angeeignet. Diese Kultur ist arm, denn sie hat die Reise schlecht überstanden. Sie drückt sich in einigen Traditionen, in Ritualen aus, Sprache und Religion werden nur bruchstückhaft an die Kinder weitergegeben. Doch diese Kultur ist erstarrt, nur schlecht umgepflanzt, sie passt nicht in das neue Umfeld. Das Bild des Vaters wird nicht anerkannt, und das der Mutter ist überbewertet.

– Warum ist die Kultur der Eltern so schlecht angesehen?

– Durch das Exil. Im Exil findet sich die Ursprungskultur schlecht zurecht. Das ist natürlich, denn eine Kultur entwickelt sich. Sie ist auch die Luft, die man atmet, die Menschen, mit denen man lebt, die Traditionen, die man einhält, und so weiter. Die andere Kultur, die des Gastlandes, in dem diese Kinder der Einwanderer geboren wurden, beherrscht alles, saugt alles auf und bleibt doch unverdaut. Diese jungen Leute hängen zwischen zwei Kulturen mit unterschiedlichen und manchmal widersprüchlichen Werten und Zielen. Daher finden sie kein Gleichgewicht und haben keine Anhaltspunkte. Man erzählt ihnen von Identität und Verwurzelung, doch sie wissen nicht, was das ist. In diesen Nebel, in diese Unsicherheit schleicht sich das irrationale Glaubensdenken, das oftmals von Personen manipuliert wird, die sich aus dem Islam oder aus dem, was sie davon zu verstehen meinen, ein Gesellschaftsbild und eine Ideologie zurechtgezimmert haben.

– Also nimmt der Islam den Platz der Kultur vollkommen ein!

– Ja, doch vergiss nicht: Der Islam ist nicht nur eine Religion, die jüngste der monotheistischen Religionen, sondern auch eine Kultur und eine Moral. Dieser weltliche Aspekt ist in manchen Fällen genau so wichtig, wenn nicht wichtiger als der religiöse Aspekt.

– Wie viele muslimische Einwanderer gibt es in den Niederlanden?

– Von 16 Millionen Niederländern sind 900 000 Muslime und davon sind 350 000 türkischen und 306 000 marokkanischen Ursprungs. Diese Muslime sind nicht alle Islamisten und Fanatiker, doch es braucht nur eine Hand voll Verbrecher, um Panik zu verbreiten und rassistische Reflexe zu wecken. So geschehen nach dem Mord an dem provokativen Filmemacher Theo van Gogh am 2. November 2004. Ein junger Niederländer marokkanischer Herkunft, Mohamed Bouyeri, schoss ihn nieder und schnitt ihm anschließend die Kehle durch. Ayaan Hirsi Ali, Niederländerin somalischer Herkunft, liberale Parlamentsabgeordnete und Drehbuchautorin des Films «Submission» von Theo van Gogh, der Gewalt und Erniedrigungen gegen muslimische Frauen anprangert, wurde danach bedroht, als Ungläubige beschimpft und musste sich versteckt halten.

– Das ist ja furchtbar! Warum hat er ihm denn die Kehle durchgeschnitten, nachdem er ihn bereits erschossen hatte?

– Das ist totaler Irrsinn. Dieser Mann wurde so fanatisch, dass er den Verstand verlor. Man sagt, er habe die El-Tewheed-Moschee besucht, die in einer früheren Schule im Westen von Amsterdam ist.

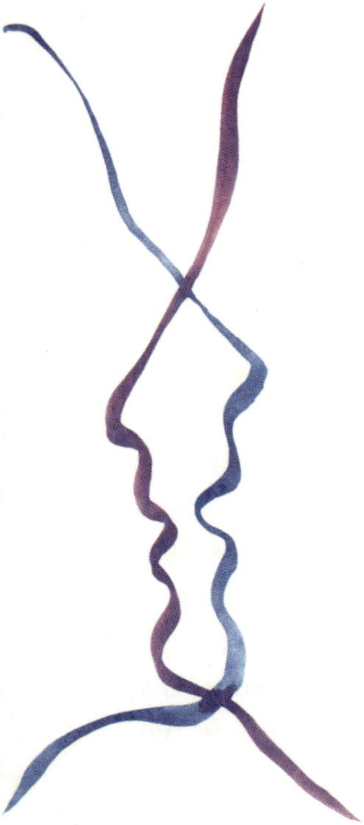

Dort entwickelt sich anscheinend eine radikale, intolerante und fanatische Form des Islam. Das Problem ist, dass niemand genau weiß, was dort vorgeht. Der Staat hat sich bislang nicht dafür interessiert. Die alteingesessenen Niederländer sind außer sich. Sie sagen: «Die sind die, und wir sind wir.»

– Das fördert doch den Rassismus und gibt ihm Argumente.

– Ach, Rassisten brauchen gar keine Argumente. Die Niederlande lebten in einem künstlichen Friedenszustand. So konnte sich auch eine rechtsextreme Partei entwickeln. Ihre Galionsfigur, Pim Fortuyn, der überall kundtat, die Niederlande seien überfüllt, wurde vor zwei Jahren von einem «reinrassigen» Niederländer umgebracht, der Homosexuelle verabscheute. Vielleicht hat dieser Mord den Mörder des Filmemachers Theo van Gogh inspiriert, der aus seiner Ablehnung der Religionen, insbesondere des Islam, keinen Hehl machte. Er bezeichnete die Muslime als «Ziegenficker» und forderte harsche Kritik an ihrer Religion. In provokativer Weise zeigt er in einem Film den nackten Körper einer schönen geschlagenen Frau, auf den Koransuren kalligraphiert sind. Man sieht eine andere nackte Frau unter einem durchsichtigen schwarzen Schleier Gebete verrichten.

Heute fühlen sich die Einwanderer und ihre niederländischen Kinder von solchen Provokationen angegriffen und verletzt, daher das tiefe Unbehagen. Die Gesellschaft, die sie so freundlich aufgenommen hatte, ist ihrer überdrüssig. So wurde eine neue, härtere, restriktivere

Einwanderungspolitik verabschiedet. Eheschließungen zwischen Niederländern und Ausländern sind schwieriger geworden. Der Rassismus zeigt sich, und nicht nur in Worten. Am 8. November 2004 explodierte eine Bombe in einer islamischen Schule in Eindhoven, im Südosten des Landes. Glücklicherweise gab es keine Opfer, doch die Stimmung wird von Angst und Misstrauen bestimmt. Der führende Kopf der liberalen Partei VVD erklärte: «Wir haben nunmehr den Dschihad in den Niederlanden!»

– Wie hat die Regierung denn reagiert?

– Sie hat beschlossen, dass die künftigen Imame (Vorbeter) auf niederländischem Boden eine unparteiische religiöse Ausbildung bekommen sollen. 2004 gab es 500 Imame in den niederländischen Moscheen, Gefängnissen und Krankenhäusern. Alle waren ausländischer Herkunft, sie stammten überwiegend aus Marokko und der Türkei. Die Regierung hofft, dass es nun in ein paar Jahren keine fanatischen Auswüchse mehr geben wird. Sie hat auch beschlossen, der verdeckten Finanzierung von Moscheen durch dunkle Kanäle ein Ende zu setzen.

– Warum verdeckt?

– Weil Staaten, politische Parteien oder Individuen im Namen der Solidarität mit den Muslimen Gelder schicken. Saudi-Arabien oder etwa der Iran unterstützen muslimische Einwandererorganisationen in der ganzen Welt. Doch manchmal ist diese Hilfe nicht ohne Gegenleistungen. Ich habe ja bereits erwähnt, dass die Saudis Schulen, wohltätige Einrichtungen und Ähnliches finanzieren, um den Wahabismus in anderen Ländern zu verankern.

– Wie kann Europa unter diesen Bedingungen den Islam in seine Kulturen und Traditionen integrieren?

– Es ist eine Frage der Zeit und des politischen Realismus. Dieser Realismus muss den Problemen ohne Scheinheiligkeit ins Gesicht sehen. Die Staaten müssen sich dafür interessieren und kontrollieren, was in ihren Moscheen und Koranschulen, in den islamischen Privat-

schulen und im islamischen Religionsunterricht gelehrt wird. Auch mit Hilfe der muslimischen Bevölkerung muss die Minderheit muslimischer Einwanderer isoliert werden, die ihren Glaubensgenossen den Wahabismus aufzwingen will. Dieser rückständigen und rassistischen Vision des Islam muss sich ein großherziger toleranter Islam entgegenstellen. Der Islam predigt genauso wenig den Hass unter den Völkern wie die beiden anderen monotheistischen Religionen.

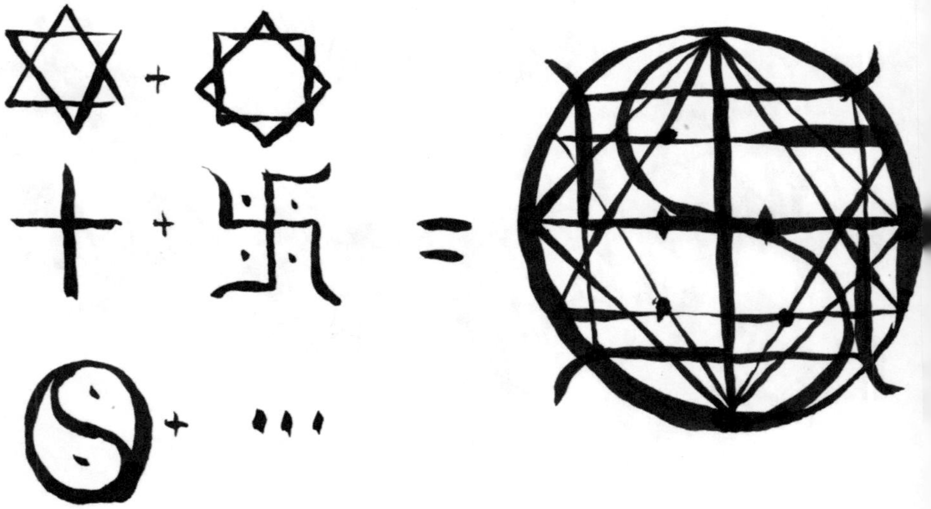

– Papa, glaubst du nicht auch, dass die Beschneidungspraktiken an jungen Mädchen und die Ehrenmorde mit verantwortlich dafür sind, dass der Islam hier abgelehnt wird? Ich kann jeden Europäer verstehen, der davon schockiert ist.

– Die Beschneidung von Mädchen hat nichts mit dem Islam und der arabischen Kultur zu tun, auch wenn im Sudan und im Süden Ägyptens Mädchen beschnitten werden. Es ist eine Tradition, die von althergebrachten Glaubenselementen in Afrika stammt. Der senegalesische Filmemacher Sembene Ousmane hat einen Film darüber gedreht, «Moolaadé», er sagt, in 38 afrikanischen Ländern gebe es eine Million beschnittener Mädchen. In Frankreich standen afrikanische Mütter vor Gericht, weil sie ihre Töchter beschneiden ließen. Die Debatte ist schwierig, und vieles ist noch nicht geklärt. Die Anhänger dieser Tradition bezeichnen sie als «Reinigungsritual», aber an manchen Orten auch als krönenden Abschluss der traditionellen Ausbildung von Mädchen, als ihre Integration in frauenbestimmte gesellschaftliche Institutionen, doch man kann genauso argumentieren, dass Beschneidung in Wahrheit verhindert, dass Frauen beim Geschlechtsakt Lust spüren. Die afrikanische Praxis der Beschneidung ist bei uns zu Recht verboten. Das gilt auch für die muslimischen Praktiken der Polygamie (Vielehe) und des Verstoßens von Ehefrauen. Wer in ein Land einwandert, sollte sich bemühen, dessen Gesetze zu befolgen und auf Sitten und Gebräuche zu verzichten, die mit der Gesellschaft in diesem Land unvereinbar sind.

– Und was ist mit den Ehrenmorden?

– Manche Familien aus der Mittelmeerregion sehen ihre Ehre als beschmutzt an, wenn eine ihrer Töchter die Jungfräulichkeit vor der Heirat verliert. Ihr guter Name ist ruiniert, und sie können sich nicht mehr in der Öffentlichkeit zeigen, bis diese Schande getilgt ist. Und getilgt werden kann sie nur durch den Tod des Schuldigen. In vielen Ländern greift die staatliche Justiz bei diesen Verbrechen nicht ein, denn sie geht davon aus, dass sie von der Tradition bestimmt werden, die stärker ist als Recht und Gesetz. Selbst in einem Land wie Deutschland ist Ehrenmord schon als Totschlag bestraft worden, weil dem Täter seine kulturelle Prägung angerechnet wurde. Ich meine aber, Europa kann nicht akzeptieren, dass solche barbarischen Vergeltungsakte auf seinem Grund und Boden ungestraft stattfinden. Jedoch gilt auch hier: Ehrenmord ist keine islamische Erfindung – noch bis vor kurzem gab es diese Verbrechen unter Katholiken und Orthodoxen auf Sizilien und Korsika, in Griechenland und Portugal. Aber es schürt natürlich den Fremdenhass, wenn sie in einem europäischen Land von muslimischen Einwanderern begangen werden, wie es am 7. Februar 2005 in Neukölln, einem Viertel von Berlin, geschah.

– Was ist da passiert?

– Hatun Sürücü, eine 23-jährige türkische Frau, wurde von ihren drei Brüdern umgebracht, die «die Ehre der Familie bewahren» wollten. Hatun wurde als Kind türkischer Einwanderer in Deutschland geboren. Mit sechzehn wurde sie mit einem in der Türkei lebenden Vetter zwangsverheiratet, den sie kaum kannte. Ihre Eltern zwangen sie, zu ihm zu ziehen. Nach einem Jahr verließ sie ihn und kehrte in ihr Heimatland Deutschland zurück, um dort zu leben und zu studieren. Sie hatte das Kopftuch abgelegt und lebte wie eine Europäerin. Da beschlossen ihre Brüder, sie zu töten, denn sie entzog sich dem Familienzwang und «verriet» die Traditionen des Herkunftslandes ihrer Eltern.

– Und deshalb haben die eigenen Geschwister sie umgebracht?

– Hatun hatte eine Wohnung gemietet, lebte allein und hatte keinen Kontakt mehr zu ihrer Familie. Das ist eine Revolte. Die Familie erlebt das wie einen unerträglichen Schlag ins Gesicht. Das Problem ist: Diese Familie benimmt sich in Europa, als lebte sie noch im fernsten und rückständigsten Teil der Türkei. Sie hat nicht begriffen, dass Hatun nicht mehr ihr Eigentum, sondern eine volljährige freie deutsche Frau ist. Und selbst wenn die Familie es ertragen hätte, es geschafft hätte, diese Geschichte zu vergessen und Hatun in Ruhe zu lassen, so wäre sie von ihrer Umgebung doch immer wieder darauf gestoßen worden, dass Hatun ihre Ehre verletzt hat.

– Das könnte doch durch die Integration gelöst werden!

– Solche Familien sind nicht an Integration interessiert, ich würde sogar sagen, sie lehnen sie ab, und der Rückgriff auf Ehrenmord ist ein Ausdruck der Weigerung, sich in die europäische Gesellschaft zu integrieren. Auch die Zwangsverheiratung der Tochter mit einem türkischen Mann zeigt ja, dass die Familie sich nicht aus ihrem Kulturkreis herausbewegen will. Diese Familien wollen an ihren Traditionen festhalten, auch wenn sie die Menschenrechte verletzen. Es ist eine Form der Abschottung, des Widerstands, aber auch der Angst. Doch manche ihrer Kinder lösen sich von ihnen und fühlen sich wohl in der europäischen Gesellschaft. Ein guter Beleg dafür ist, dass die Exogamie zunimmt.

– Was ist denn Exogamie?

– Das ist das Gegenteil von Endogamie. Exogamie setzt sich zusammen aus «exo», was so viel heißt wie «außen» und «gamie» für «Heirat». Als exogam bezeichnet man es, wenn jemand außerhalb seiner Gruppe, seines Clans oder seiner Familie heiratet. En-

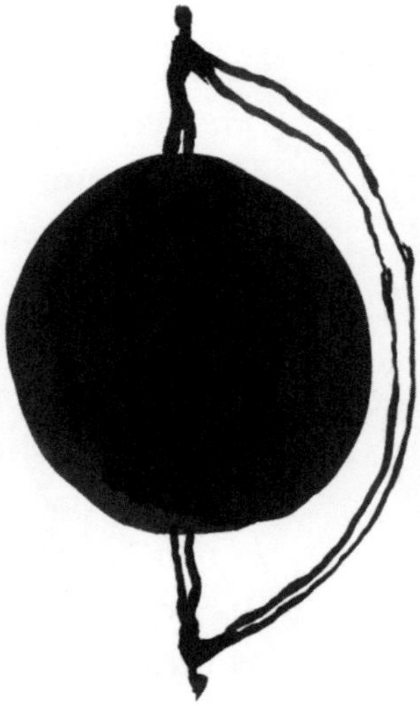

dogamie bedeutet, sich den Ehepartner im eigenen Kreis zu suchen. In Deutschland beispielsweise suchen sich immer noch sehr viele Türken ihre Ehepartner in der Türkei. Aber immerhin zog im Jahr 2000 ein Drittel der «Heiratsmigranten» aus der Türkei bereits zu einem deutschen Ehepartner, so wie insgesamt die Zahl binationaler Ehen, also der Verbindungen zwischen Deutschen und Ausländern, in der Bundesrepublik steigt. Und in Frankreich haben sich 25 Prozent der Kinder nordafrikanischer Einwanderer in den letzten Jahrzehnten mit Menschen anderer Ethnien und Kulturen vermählt. Die Exogamie ist eine nicht unbedeutende Form der Integration.

– Als so fremd sehen die Deutschen die Türken dann also doch nicht an, trotz Zwangsheiraten und Ehrenmorden.

– Nein, zum Glück nicht. Man muss diese Verbrechen benennen, verurteilen und bestrafen, kann wütend darüber sein, aber keinesfalls darf man sie verallgemeinern und zum Vorwand für rassistische Verhaltensweisen gegenüber «den» Türken nehmen. Diese Vorfälle sollten diskutiert und analysiert werden, sie erklären bedeutet keineswegs, sie zu rechtfertigen; sie verurteilen bedeutet nicht, alle Türken und Muslime zu verdammen oder zu kriminalisieren. Eine verschwindend geringe Minderheit von ihnen begeht derlei Verbrechen. Und die großen Erfolge vieler Türken in Deutschland ändern das Bild, das die Deutschen von den Türken haben. Denn du musst wissen, dass es drei türkischstämmige Bundestagsabgeordnete in Deutschland gibt, dass Deutschland im Jahr 2004 auf der Berlinale mit einem Film vertreten war, der «Gegen die Wand» heißt und von einem in Deutschland lebenden Türken, Fatih Akin, gedreht wurde. Der Film erzählt eine türkische Geschichte. Er bekam den Goldenen Bären. Türkische Schauspieler wie Renan Demirkan, Emine Sevgi Özdamar oder Sinan Toprak sind sehr beliebt, und in der Literatur reüssieren Feridun Zaimoglu, Zafer Senocak oder der Kriminalschriftsteller Akif Pirinçci mit in Deutsch verfassten Büchern. Türkische Geschäftsleute und Unternehmer erwirtschaften mehr als ein Prozent des deutschen Bruttoinlandsprodukts und schaffen Hunderttausende Arbeitsplätze, ein Drittel ihrer Angestellten sind Deutsche.

– Warum sind in Deutschland und Europa trotzdem so viele gegen einen EU-Beitritt der Türkei? Geschieht dies aus Rassismus gegen die Türken, oder hat es andere Gründe?

– Ich glaube, die Türkei wird von vielen als fremd empfunden, obwohl sie seit 1923 ein laizistischer Staat ist. Die Revolution von Kemal Atatürk hatte die Trennung von Religion und Staat vollzogen, die arabische Schrift latinisiert und die Wirtschaft des Landes liberalisiert. Doch für viele Europäer bleibt die Türkei ein großes islamisches Land.

– Stimmt das denn nicht?

– Der Islam ist dort präsent, heute, 2005, ist eine islamistische Partei an der Macht, doch sie ist sehr gemäßigt und realistisch, denn das Volk steht hinter dem laizistischen Staatsmodell. Die Regierung strebt den EU-Beitritt an und hat dafür schon viele notwendige Reformen auf den Weg gebracht; so wurden die Rechte der kurdischen Minderheit gestärkt und die Todesstrafe abgeschafft.

– Wovor haben denn diejenigen Angst, die den Beitritt der Türkei ablehnen?

– Ein bisschen vor seiner geographischen Lage – Europa würde dann direkt an den instabilen Nahen Osten grenzen. Vor allem aber vor der Demographie: Heute schon leben in der Türkei mehr als 65 Millionen Menschen, 2020 werden es 100 Millionen sein. Damit wäre sie das bevölkerungsreichste Land der EU und würde entsprechend Mitspracherechte einfordern. Weil das türkische Wirtschaftswachstum nicht mit dem rasanten Bevölkerungswachstum mithalten kann, befürchten viele Länder, dann von türkischen Arbeitskräften überschwemmt zu werden. Hinzu kommt die immer noch nicht zufrieden stellende Menschenrechtssituation: Es gibt unter anderem Probleme bei der Meinungsfreiheit, beim Schutz der Minderheiten,

bei der Gleichberechtigung der Frauen. Das Hauptproblem besteht jedoch aus meiner Sicht darin, dass die Türkei sich weigert, den 1915 begangenen Völkermord an den Armeniern anzuerkennen und gegen alle Darstellungen dieser Art protestiert.

– Ist der denn bewiesen?

– Ernst zu nehmende Historiker haben die Verantwortung der türkischen Regierung für den Völkermord belegt. Im Jahr 2000 hat das französische Parlament einstimmig die Anerkennung des Völkermords an den Armeniern beschlossen und zur Erinnerung in Marseille ein Mahnmal errichtet. Das hat der türkischen Regierung sehr missfallen. Noch im Jahr 2004 wurde auf Druck der türkischen Regierung ein brandenburgisches Schulbuch aus dem Verkehr gezogen, in dem vom Völkermord der Türkei an den Armeniern die Rede war. Doch wenn die Türken diesen Völkermord nicht anerkennen, können sie der Europäischen Union nicht beitreten.

Mehr als alle anderen europäischen Länder hat die deutsche Bundesregierung die Verpflichtung verstanden, der eigenen Vergangenheit ins Auge zu sehen und alle Wurzeln des Rassismus auszurotten. Der nach dem Zweiten Weltkrieg geborene deutsche Bundeskanzler Gerhard Schröder sprach von Scham und moralischer Verpflichtung angesichts der deutschen Vergangenheit: «Im 60. Jahr nach der Befreiung von Auschwitz durch die Rote Armee stehe ich vor Ihnen als Repräsentant eines demokratischen Deutschlands. Ich bekunde meine Scham angesichts der Ermordeten und vor allem vor Ihnen, die Sie die Hölle der Konzentrationslager überlebt haben. Millionen von Kindern, Frauen und Männern wurden von deutschen SS-Mitgliedern und ihren Helfershelfern durch Gas erstickt, ausgehungert und erschossen. Juden, Sinti und Roma, Homosexuelle, politische Gegner, Kriegsgefangene und Widerstandskämpfer aus ganz Europa wurden mit kalter, industrieller Perfektion vernichtet oder bis zum Tode versklavt … Die überwältigende Mehrheit der heute lebenden Deutschen trägt keine Schuld am Holocaust. Aber sie trägt eine besondere Verantwortung ... Die Erinnerung an die Zeit des Nationalsozialismus und seiner Verbrechen ist eine moralische Verpflichtung. Wir sind dies nicht nur den Opfern, den Überlebenden und ihren Angehörigen schuldig, nein, wir sind es uns auch selbst schuldig ... Die Verlockung des Vergessens und des Verdrängens ist sehr groß. Doch wir werden ihr nicht erliegen ... Denn eines wissen wir: Es gibt keine Freiheit, keine Menschenwürde und keine Gerechtigkeit, würden wir vergessen, was geschah, als Freiheit, Gerechtigkeit und Menschenwürde mit staatlicher Macht zertreten wurden.»

– Papa, liegt es auch an den illegalen Einwanderern, dass der Fremdenhass zunimmt?

– Einwanderungen nach und Wanderbewegungen innerhalb von Europa hat es schon immer gegeben, sowohl in den wohlhabenden wie in den ärmeren Ländern. Sie haben die gesamte Menschheitsgeschichte begleitet und sind ein wesentlicher Bestandteil jedes gesellschaftlichen Lebens.

Für viele Länder ist die Zuwanderung aus wirtschaftlichen Gründen wünschenswert. So holte beispielsweise die Bundesrepublik die ersten türkischen Gastarbeiter ins Land, nachdem 1961 die Berliner Mauer gebaut und damit der Zustrom von ostdeutschen Arbeitskräften gestoppt worden war, Anwerbeverträge mit Marokko (1963) und Tunesien (1965) folgten. Überall sind es größtenteils Einwanderer, die die dreckigsten, unfallträchtigsten, gesundheitsschädlichsten und am schlechtesten bezahlten Jobs erledigen. Doch die undankbare Gesellschaft projiziert ihre Wahnvorstellungen auf die Einwanderer. Sie sind der Idealtypus des Fremden, der arbeiten soll, aber nicht durch seine Anwesenheit stören darf. Die Einwanderer verrichten die Arbeiten, die europäische Bürger nicht leisten möchten, doch man will sie nicht als Teil der Bevölkerung akzeptieren, man will sie weder sehen noch mit ihnen im gleichen Raum leben.

– In der jetzigen Situation, wo es in vielen Ländern eine hohe Arbeitslosigkeit gibt, kann man verstehen, dass Einwanderer nicht willkommen sind, erst recht keine illegalen.

– So einfach ist das nicht, denn trotz der hohen Arbeitslosigkeit ist die Einwanderung für Europa eine absolute wirtschaftliche und bevölkerungspolitische Notwendigkeit: Die Europäer bekommen zu wenig Kinder, immer weniger Junge müssen immer mehr Alte finanzieren, ein Kollaps der größtenteils umlagefinanzierten Sozialversicherungssysteme droht, der Bestand von Kindergärten und Schulen ist gefährdet und ein gravierender Arbeitskräftemangel absehbar. So hat die größte Gewerkschaftszentrale Italiens im September 2004 festgestellt: «Wir brauchen bis zum Jahr 2010 fünf Millionen Einwanderer, um den Bedürfnissen des Arbeitsmarkts nachzukommen.» Und das Institut der Deutschen Wirtschaft in Köln bezeichnete Einwanderer als «Balsam für die Rentenkassen». Vor diesem Hintergrund hat UN-Generalsekretär Kofi Annan den EU-Abgeordneten gesagt: «Einwanderer sind ein Teil der Lösung, nicht Teil des Problems.»

– Europa sollte die Einwanderer als Bereicherung auffassen, als Glücksfall.

– Ja, doch stattdessen dachten die europäischen Innenminister – insbesondere der deutsche und der italienische – darüber nach, im Maghreb «Auffanglager» für Asylbewerber einzurichten, um die illegale Einwanderung zu stoppen und auf den afrikanischen Kontinent zurückzuwerfen. Das ist keine Lösung. Diese Art politischer Taschenspielerei geht das Problem nicht an, sondern versucht, ihm aus dem Weg zu gehen. Der Begriff «Lager» an sich beschwört schon Beunruhigendes herauf.

– Sind das Lager wie die «Asylzentren» in Frankreich?

– Nein. Du redest doch von den Auffanglagern, die das französische

Innenministerium für Einwanderer ohne gültige Papiere eingerichtet hat.

– Ja, genau, Leute ohne Visum, die versuchen, nach Frankreich zu kommen. Sie werden verhaftet und in diese Zentren gesteckt, bevor man sie zurückschicken kann, wo sie herkamen. Ich habe einen Bericht darüber gesehen.

– Dann hast du ja gesehen, dass diese armen Leute unter unmenschlichen Bedingungen leben. Die Zentren sind dreckige Löcher, noch nicht einmal die hygienischen Minimalstandards werden erfüllt. Da warten die Leute dann darauf, dass die französische Bürokratie über ihr Schicksal entscheidet. Oft werden sie am Ende abgeschoben.

– Gibt es in Europa einheitliche Regelungen für die illegale Einwanderung?

– Die Gesetzgebungen der einzelnen Länder sind sehr unterschiedlich. Die fünfundzwanzig Staaten können sich noch nicht einmal auf einen kleinsten gemeinsamen Nenner einigen. Die EU-Kommission unter José Manuel Barroso erwägt die Einführung einer europäischen Greencard, um Arbeitsmigranten anzuwerben und so die illegale Einwanderung und Schwarzarbeit einzudämmen. Sie geht von einer Zuwanderung von bis zu 20 Millionen Arbeitsmigranten bis zum Jahr 2030 aus. Es steht aber zu befürchten, dass dieser Vorschlag – wie schon ein ähnlicher Vorschlag der Vorgängerkommission unter Romano Prodi – an der Ablehnung der von Arbeitslosigkeit besonders betroffenen Staaten, allen voran Deutschland und Frankreich, scheitern wird.

Im Moment improvisieren die verschiedenen Länder eine Politik in Sachen Einwanderung. In Frankreich wird über Quoten debattiert. In Deutschland hat man im Jahr 2000 die Greencard eingeführt, die Ausländern ermöglicht, fünf Jahre lang legal dort zu arbeiten. Das Land hatte einen großen Bedarf an Informatikern und wollte Spezialisten aus dem Ausland anziehen. Doch das hat nicht gut funktioniert. Zum einen kam das Gesetz erst, als der Boom in der IT-Branche bereits vorbei war. Und außerdem sind hochqualifizierte junge Leute in allen Ländern willkommen und suchen sich lieber solche aus, in denen sie eine unbegrenzte Aufenthaltsgenehmigung und ihre Familienangehörigen eine uneingeschränkte Arbeitserlaubnis erhalten, was in Deutschland nicht der Fall ist. Im Februar 2005 hat der britische Premierminister Tony Blair einen strengen Plan zur Kontrolle der Einwanderung vorgelegt. Wie Australien und Kanada hat er sich für eine «nützliche Einwanderung» ausgesprochen. Die Einwanderungskandidaten werden nach einem Punktsystem bewertet, viele Punkte erhält, wer gute Sprachkenntnisse hat und eine berufliche Qualifikation aufweist, die dem Bedarf der britischen Wirtschaft entspricht. Eine hohe Punktzahl erleichtert die Einbürgerung.

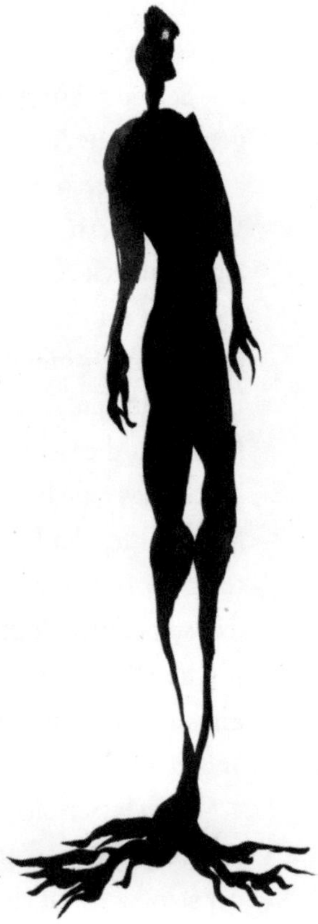

– Welches europäische Land hat denn die am wenigsten negative Politik?

– Man muss unterscheiden zwischen Ländern mit einer langen Tradition der Einwanderung wie Frankreich und Belgien (wegen ihrer Kolonien in Nord- und Schwarzafrika) und Ländern, die Auswanderungsländer waren, wie Italien und Spanien. Diese beiden Länder haben massenhaft illegale Einwanderer legalisiert. 2003 hat Italien 690 000 illegale Einwanderer mit Papieren ausgestattet, womit sich die offizielle Zahl der Einwanderer auf einen Schlag um fast ein Drittel auf 2,6 Millionen erhöhte. Natürlich leisten diese Einwanderer die unqualifiziertesten und schwersten Arbeiten. Dennoch erwirtschaften sie einen ansehnlichen Teil des Bruttosozialprodukts. Dazu kommt noch ein wesentliches Element: Ein Drittel von ihnen sind Muslime. Im Januar 2005 hat die italienische Presse eine Umfrage zu muslimischen Einwanderern veröffentlicht. Gefragt wurde: «Sehen Sie den Muslim als einen Freund an?», und nur einer von zehn Italienern hat mit ja geantwortet.

– Seltsam. Europa braucht neue Einwanderer, doch in den Umfragen gelten die Ausländer als störend und ungeliebt.

– Nicht gern gesehen sind vor allem die Einwanderer aus islamischen Ländern. Wir kommen immer wieder auf das negative Bild des Islam zurück. Spanien hat historische «Gründe», warum es die so genannten «Moros», die Mauren, das heißt die Muslime, nicht ertragen kann, denn es gibt die Erinnerung an die arabisch-islamische Präsenz in Andalusien. Aber auch Spanien braucht Einwanderer, denn wie in Italien ist die Geburtenrate rückläufig. Deshalb hat man dort im Februar 2005 eine breite Kampagne zur Legalisierung einer geschätzten Million illegaler Einwanderer begonnen. Diese Initiative hat bei mehreren europäischen Innenministern zornige Reaktionen hervorgerufen, so bei dem deutschen Innenminister Otto Schily, der seinen spanischen Kollegen stark kritisiert hat. Diese Minister fürchten, dass die Einwanderer mit dann gültigen Papieren auf den Arbeitsmarkt der anderen EU-Länder drängen.

– Also lassen sich auch die Politiker sehr von Angst beeinflussen?

– Leider ja, und Angst, auch wenn sie manchmal durchaus begründet sein kann, ist ein schlechter Ratgeber. Sie verhindert die Entwicklung von positiven Perspektiven und in diesem Fall die Anerkennung des positiven Beitrags der Einwanderer. Statt für alle erträgliche Rahmenbedingungen zu schaffen, konzentriert man sich auf das Eindämmen einer Flut, die wohl so kaum aufzuhalten ist. Aber dass Spanien nach den Attentaten, die ja von Marokkanern verübt wurden, seine Grenzen nicht dicht gemacht und alle illegal dort lebenden Nordafrikaner ausgewiesen hat, sondern im Gegenteil bemüht ist, sie zu legalisieren, ist ein ermutigendes Beispiel.

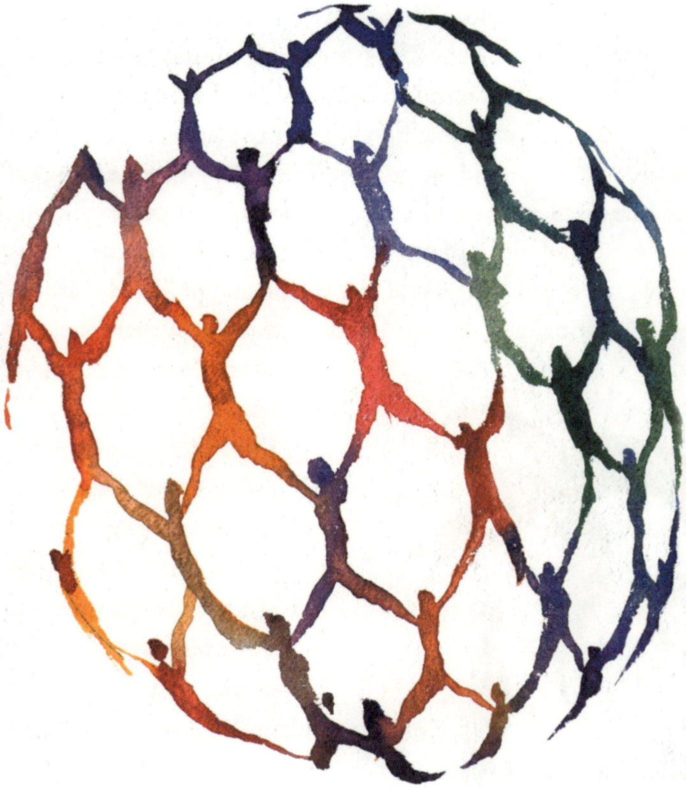

– Terrorismus und Glaubenskriege, der Westen gegen die arabische Welt, Palästinenser gegen Israelis, Europa gegen Amerika, neuer Antisemitismus und Kopftuchdebatten in Europa, Widerstand gegen den

Türkeibeitritt der EU – ist das der Kampf der Kulturen, von dem jetzt so oft die Rede ist?

– Der Begriff «Kampf der Kulturen» oder «Zusammenprall der Zivilisationen» ist ein realitätsfernes Klischee. Kulturen sind ständig in Bewegung, sie durchziehen Gesellschaften, ohne dass es die Menschen bemerken. Kultur ist wie das Wasser eines Flusses, das durch ein Land fließt. Es gibt keine in sich geschlossene Kultur, keinen Kulturblock, der nicht mit anderen kommuniziert. Kultur ist, was Menschen aus verschiedenen Ländern am leichtesten miteinander austauschen und teilen können. Europa und die mediterrane Welt (ganz zu schweigen vom amerikanischen «melting pot») sind gleichermaßen durchdrungen von Abendland und Orient, von Christentum, Judaismus und Islam. Ich würde eher sagen, es gibt ein Aufeinanderprallen der gegenseitigen Unwissenheit, der Verachtung und der Vorurteile. Die Menschen kennen einander so wenig.

– Und seit dem 11. September wollen sie sich auch nicht mehr kennen lernen!

– Genau das ist das Ziel der Islamisten. Sie spielen sich als Hüter einer «reinen Lehre» des Korans auf und sagen ihren Anhängern: «Macht es wie der Prophet, lasst euch einen Bart wachsen, verschleiert eure Schwestern, entfernt euch von allem Westlichen, ihr habt euren Anteil Hölle bereits auf der Erde gehabt, das Paradies erwartet euch.» Die verbriefte

Religionsfreiheit in den westlichen Demokratien nutzen sie dazu, Sonderrechte für ihre Glaubensgemeinschaft einzufordern. Wenn aber jede Gemeinschaft ihre Türen und Fenster verriegelt, wenn jede Gruppe isoliert lebt und nichts mit den anderen zu tun haben will, wird es zu Ghettobildungen kommen und zur Entstehung von Parallelgesellschaften.

– Die multikulturelle Vermischung und Verschmelzung der Gruppen stößt aber nicht nur bei den Islamisten auf erbitterten Widerstand. Auch die Devise der Rechtsextremen lautet doch: »Jeder für sich und nur keine Vermischungen!»

– «Deutschland den Deutschen!» oder «Franzosen zuerst!» – diese Art der Rückbesinnung auf die eigene Gruppe öffnet Ausgrenzung und Hass Tür und Tor. In Frankreich vertritt der Front National die These der Achtung der Differenz und meint damit, jede Kultur soll sich in ihrem Ghetto entwickeln, ohne mit einer anderen in Berührung zu kommen, damit ja keine Vermischungen entstehen. Doch rechtsextremistische Parteien gibt es nicht nur in Frankreich, sondern überall in Europa – und sie bekommen immer mehr Zulauf. Die Gefahr des islamistischen Terrorismus arbeitet ihnen in die Hände, denn dadurch erscheint ihr Fremdenhass gerechtfertigt. Diesen Entwicklungen müssen wir uns entschieden entgegenstellen.

– Es gibt doch bereits eine Menge Gesetze, die die Aufforderung zum Rassenhass und die Leugnung des Holocaust unter Strafe stellen. Und diese Vorfälle kommen auch immer groß in die Medien. Den Rechtsextremisten und Neonazis scheint das wenig auszumachen, sie haben keine Angst und kein Schuldbewusstsein, sondern bekennen sich öffentlich zu ihrem Hass.

– Aber wir dürfen ihnen den Triumph nicht gönnen. Frankreich und Deutschland haben Millionen Menschen aus Osteuropa, Italien, Spanien, Portugal und anderen Ländern integriert. Nun müssen sie sich um ihre muslimischen Bürger bemühen. Europa kann einen wichtigen Beitrag zur Modernisierung des Islam leisten, so wie die muslimischen Gemeinden in Europa beweisen können, dass der Islam nicht allergisch gegen die Demokratie ist. In Frankreich oder Deutschland entscheidet sich, ob der Islam sich an moderne, demokratische und laizistische Gesellschaften anpassen kann. Die Religion muss in den Herzen der Menschen, in den Moscheen und Kirchen bleiben. Sie darf nicht in die Politik eindringen. Wenn die Muslime in Europa friedlich und gelassen neben und mit allen anderen leben, kann das große Reformimpulse für den Islam auslösen. Die Religion an sich lässt sich ja sehr unterschiedlich interpretieren. Im Koran heißt es, Gott habe verschiedene Völker in verschiedenen Ländern geschaffen, damit sie sich kennen lernen und einander anerkennen. Ein schönes Credo, ich glaube daran, dass wir lernen können, trotz unserer Unterschiede gemeinsam in Frieden zusammenzuleben.

– Das setzt aber auch eine Demokratisierung der arabischen Welt voraus. Wie kann man die erreichen, wenn man das amerikanische Vorgehen der Demokratisierung durch Krieg ablehnt?

– Nenn mich einen Lokalpatrioten, aber für mich ist Marokko eines der wenigen arabischen Länder, in dem es heute den Anfang einer echten Demokratie gibt. König Mohammed VI. will einen modernen Staat schaffen, atlantisch und mediterran, muslimisch und doch fast europäisch. Seine Reform des Familienrechts, die Verbesserung der Stellung der Frau kommt einer kleinen Revolution gleich, die tief greifende Veränderungen in der marokkanischen Gesellschaft erwirken wird. Eine wirtschaftliche, kulturelle und strategische Partnerschaft zwischen der EU und Marokko könnte das erfolgreiche Gegenbeispiel zur amerikanischen Nahost-Politik bilden und neue Perspektiven für die ganze Region aufzeigen. Das Schicksal Marokkos und Nordafrikas bestimmt auch das Schicksal Europas.

– Die Attentäter von Madrid stammen aus Marokko. Droht nicht eher das Gegenteil einzutreten, nämlich dass sich Europa von dort zurückzieht und gegen den Ansturm aus dem Süden verschanzt, beispielsweise durch dort einzurichtende «Auffanglager»?

– Dann hätten die Islamisten eines ihrer Ziele erreicht, und gerade deshalb muss Europa der Versuchung widerstehen, sich voller Abscheu abzuwenden und den Terrorismus nur mit Gewalt und Militär zu bekämpfen. Eine neue Definition der Beziehungen zwischen dem Westen und dem arabischen Orient ist nötig. Wir brauchen vor allem auch einen kulturellen Austausch, aus dem sich gegenseitiger Respekt entwickelt.

– Papa, dem rassistischen Hass Einhalt zu gebieten ist eine unendlich schwierige und komplexe Aufgabe, oder?

– Ja, das stimmt, und der wichtigste Beitrag, den jeder von uns leisten kann, ist, sich bewusst einfachen Erklärungen zu verweigern, Schwarzweißlösungen abzulehnen, die zumeist mit der Gewalt des Mächtigeren durchgesetzt werden sollen, und immer wieder die Anstrengung zu machen, verstehen zu wollen, sich an die Grundwerte zu erinnern, sich dafür einzusetzen und mitzuhelfen, eine Lösung auf dem Verhandlungsweg zu finden. Das ist kein leichter Weg, aber einen anderen gibt es nicht.

Tahar Ben Jelloun wurde 1944 in Fès, Marokko, geboren. Er studierte Philosophie in Rabat und Psychologie in Paris. Er gilt als der bedeutendste Vertreter der französischsprachigen Literatur aus dem Maghreb, sein Werk wurde in zahlreiche Sprachen übersetzt. Für seinen Roman *Die Nacht der Unschuld* (rororo) erhielt er 1987 den Prix Goncourt. Tahar Ben Jellouns erstes Kinderbuch, «Papa, was ist ein Fremder?» (Rowohlt · Berlin 1999, rororo 2000), wurde ein internationaler Bestseller, für den der Autor mit dem europäischen *Preis der Künstler für den Frieden* und dem *Global Tolerance Award* der UNO ausgezeichnet wurde. Seit 1971 lebt Tahar Ben Jelloun in Paris und Marokko. Er ist verheiratet und hat vier Kinder.

Der belgische Multimediakünstler und Weltenbummler **Charley Case**, geboren 1969, studierte Graphikdesign an der École Nationale Supérieure des Arts Visuels de La Cambre in Brüssel, stellt u. a. in London, Paris und Brüssel aus, wirkt an internationalen Kunstprojekten in Belgrad, Indien und Kuba mit und arbeitet zusammen mit den Künstlergruppen FRON'T und Migrative Art. Für Rowohlt · Berlin illustrierte er bereits zwei Bücher von Tahar Ben Jelloun. Im Frühjahr 2005 ist er Vater geworden.

Christiane Kayser, geboren 1954 in Luxemburg, lebt in Südfrankreich und übersetzt Literatur, verbringt aber einen Großteil ihrer Zeit in Afrika, wo sie mit dortigen Organisationen am Aufbau zivilgesellschaftlicher Strukturen arbeitet.

Heiner Geißler

Was würde Jesus heute sagen?

Die politische Botschaft des Evangeliums

160 Seiten, gebunden

ISBN 3-87134-477-x

auch als Taschenbuch erhältlich

ISBN 3-499-61594-0

Heiner Geißler erklärt die politische Sprengkraft des Evangeliums anhand der Geschichte des Jesus von Nazareth. Er setzt die Aussagen des Evangeliums auf unkonventionelle und engagierte Weise mit unserer politischen, kulturellen und ökonomischen Gegenwart in Verbindung.

Ein «leidenschaftliches Plädoyer für die Würde des Menschen.»
taz